THOMAS MORE

トマス・モアの
ユートピアの
未来

RYUHO OKAWA
大川隆法

まえがき

トマス・モアといっても、現代ではピンと来ない人が多かろう。中世イギリスに生まれて、大法官にまで出世し、『ユートピア』という代表作を書いたが、当時のカトリック教会で禁じられていた離婚を、ヘンリー八世が強行しようとするので、黙秘・不服従をしたが、反逆罪でロンドン塔に幽閉。その後、断頭台の露《つゆ》と消える。かくして、王は、英国国教会を創設して、カトリックと距離を取り、政治権力が宗教をも組みしいていく。今の、中国やタイでも見うけられる風景である。

政治思想史を学んだものでなければ、多くは語れない背景だが、財産の平等の上に、自由な知識人五百人ぐらいをつくって、質の高い文化国家を創ろうとしたのが、トマス・モアであった。プラトンの『ポリティア』同様、後《のち》の共産主義の源流にもなったと批判される場合もある。一種の計画経済を考え、2年都市に住めば、その次には農村に2年住むとかいった考えも出ており、日本の徳川時代や、毛沢東《もうたくとう》の共産党国家も類推させるところもある。

しかし、俗人からはじめて大法官になったモアは、プラトン的なエリートだけの共有制とは少し違っていた。私有財産をなくして、貧困と贅沢《ぜいたく》との両方のない生活を求めるが、無神論者には法的保護を与えない。その底にあるのは、神を信じないものは、内面におそれるものがないから、社会の信頼できる構成員になれない、という考え方であろう。

イングランドの絶対王政の担い手《にない て》、チューダー時代を代表する人物として、「寛容」を説きながらも、現実世界では、「寛容の限界」に苦しんだことだろう。

その彼が今、生まれ変わって……この先は、本文をお読み頂いた方がよかろう。

二〇二〇年　七月二十日

幸福《こうふく》の科学《かがく》グループ創始者兼総裁《そうししゃけんそうさい》　大川隆法《おおかわりゅうほう》

トマス・モアのユートピアの未来　目次

第1章　トマス・モアのユートピアの未来

二〇二〇年一月三十日　収録
幸福の科学　特別説法堂《せっぽうどう》にて

Q3　カトリック・プロテスタント・英国国教会の動きは キリスト教の発展につながったのか

第2章　トマス・モアの霊言《れいげん》

二〇二〇年一月十五日　収録
幸福の科学 特別説法堂にて

2 王室や皇室の正当性について

「霊言現象《れいげんげんしょう》」とは、あの世の霊存在の言葉を語り下ろす現象のことをいう。これは高度な悟《さと》りを開いた者に特有のものであり、「霊媒現象《れいばいげんしょう》」（トランス状態になって意識を失い、霊が一方的にしゃべる現象）とは異なる。外国人霊の霊言の場合には、霊言現象を行う者の言語中枢《ちゅうすう》から、必要な言葉を選び出し、日本語で語ることも可能である。

なお、「霊言」は、あくまでも霊人《れいじん》の意見であり、幸福の科学グループとしての見解と矛盾《むじゅん》する内容を含《ふく》む場合がある点、付記しておきたい。

第1章　トマス・モアのユートピアの未来

二〇二〇年一月三十日　収録
幸福の科学　特別説法堂《せっぽうどう》にて

トマス・モア（一四七八〜一五三五）

イギリスの政治家、思想家。オックスフォード大学に学んだ後《のち》、ロンドンで法律を修めて法律家となる。二十代で下院議員に当選し、国王ヘンリー八世の信任を得て大法官になるが、国王の離婚《りこん》問題に関し、カトリック教会側に立って反対したため、王の不興を買い辞任。その後、反逆罪に問われ投獄《とうごく》、処刑《しょけい》された。一九三五年、カトリック教会によって聖人に列せられる。代表作に理想的国家像を描《えが》く『ユートピア』がある。

［質問者三名は、それぞれA・B・Cと表記］

序　中世イギリスの思想家トマス・モアを招霊《しょうれい》する

トマス・モアの『ユートピア』は政治学の古典の一つ

大川隆法　先日（二〇二〇年一月十五日）、「トマス・モアの霊言《れいげん》」を収録したのですが（本書第２章参照）、もう一本ぐらいあったほうが本にまとめやすいので、今日は追加して録《と》りたいと思っています。

中公文庫でトマス・モアの『ユートピア』という本も出ているので（同書を掲《かか》げる）、手に入れることはそんなに難しくないとは思いますが、面白《おもしろ》いかどうかは知りません（笑）。

ただ、読めないほどではなく、読めることは読めます。政治学の古典の一つとして、私も何回かは読んでいるのですが、これはトマス・モアが三十代で書いた本で、内容的には、やや共産主義的社会のようなものも考えているようではあります。

中世の一四〇〇年代に生まれて一五〇〇年代に死んだ方なので、十五、六世紀の方ですが、当時は身分格差や経済格差が固定されている時代であったでしょうから、そういうものを見て、もう少し「財産や経済的な自由の平等」を考えていたのかなという気はいたします。

ただ、こういう考え方を持つ人は、だいたい、いずれは権力を持っている者にやられるところがあるかとは思います。

基本的には、宗教家、思想家ではあると思うのです。

ユートピア思想自体は、ほかにもあることはあるのですが、「はっきりと、こういう題で出てきた」という意味では明確かと思います。

ヘンリー八世の離婚《りこん》に協力しなかったトマス・モア

大川隆法　前回の霊言でも出ていると思いますが、トマス・モアはイギリスのヘンリー八世の時代の人です。

イギリスも当時はカトリックだったわけですが、カトリックには、基本的に「離婚《りこん》を認めない」という制度がありました。しかし、王様にもいろいろと考えがあり、相手によって関係のよし悪《あ》しもあったのだとは思いますけれども、王様

16世紀イギリス・チューダー朝の人物相関図

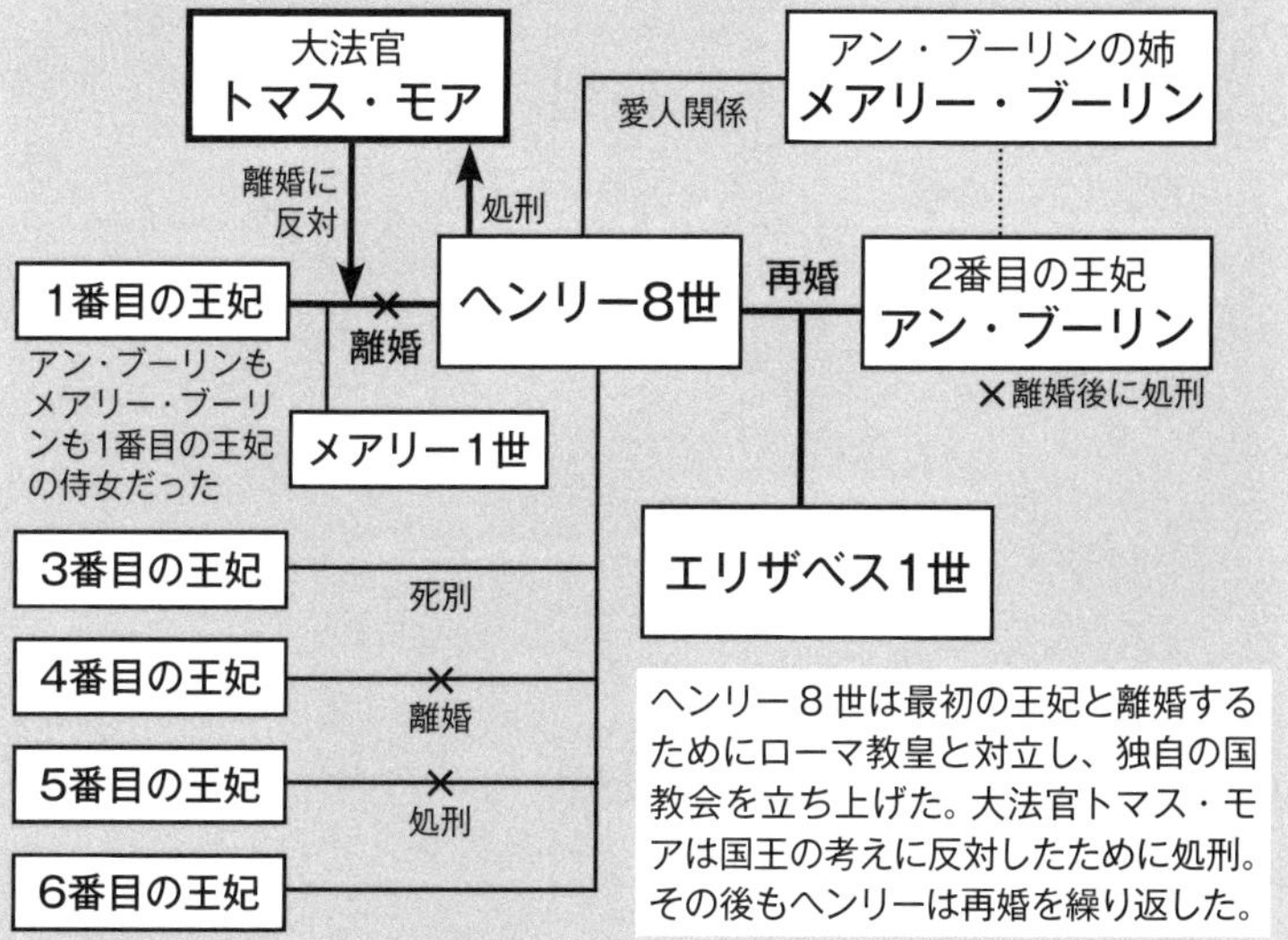

ヘンリー８世は最初の王妃と離婚するためにローマ教皇と対立し、独自の国教会を立ち上げた。大法官トマス・モアは国王の考えに反対したために処刑。その後もヘンリーは再婚を繰り返した。

が離婚したくなったのです。

ただ、ヘンリー八世が自分で言うだけではローマ教皇が許可を下ろさないので、「有名なトマス・モアがそのような進言をすれば、許可が下りるのではないか。ローマ教皇も、『しかたがないか』と言ってくれるのではないか」というようなことで、トマス・モアにそれを言わせようとしたのです。

ところが、モア本人は、今で言うと「黙秘《もくひ》」でしょうけれども、何もしないで黙《だま》っていました。「否定したわけではないけれども、協力もしない」ということで、進言をしなかったのです。

そのため、最終的には、「反逆」と見なされてロンドン塔《とう》に送られ、そのあと、断頭台で首を斬《き》られ、ロンドン橋《きょう》にその首をさらされました。ユートピアを説いた人が、最後には断頭台で首を斬られることになったということで、「あまりいい時代ではない」という感じはいたします。

なお、没後《ぼつご》四百年たって、ローマ教皇から聖人に列せられています。

このあたりは、難しいところはあります。トマス・モア自身、恵《めぐ》まれた面もあって、早くして教育を受けたり、偉《えら》くなったりした面もあることはあるので、難しいところではあると思うのです。

ユートピア島は六時間労働だが、怠《なま》け者は追放される

大川隆法　『ユートピア』という本には、次のようなことが書いてあります。

中世的な本ではあるので、今に当てはまるかどうかは分かりませんが、例えば、「午前中に三時間働いて、昼には二時間の休みがあって昼寝《ひるね》をしてもいい」ということです。このような休みは、イタリアやギリシャでは今でもやっています。シエスタですね。昼ご飯《はん》を食べて、ちょっと寝《ね》ても構わないわけです。

そして、「午後にも三時間働いて、六時間労働」ということですので、安倍《あべ》首

相は、「そうでしょう。私には先見性があった」と言うかもしれませんが、六時間労働で構わないことになっています。

「これはいいことではないか」と思うかもしれません。ただ、この本を読んでみると、内容的には、「怠け者《なま》」は追放されることにもなっているのです（笑）。「ユートピア」というのは、「ただゴロゴロして遊んでいたらいいのだ」と思ったら間違《まちが》いです。「怠け者」と判定された場合にはユートピア島から追放されるので、怠け者であってはいけないし、空《あ》いている時間には学問の研究などもやらなくてはならないのです。

それから、「女性は十八歳《さい》から結婚ができ、男性は四歳遅《おく》れで二十二歳から結婚ができる」ということになっているので、おそらくは、やはり、「男性が働いて経済的な責任を負う」ということを想定しているのではないかと思われます。

現代において普通《ふつう》に流行《はや》っているような、結婚以前の自由な異性間交渉《こうしょう》や同棲《どうせい》などは禁じられているようです。

この本には、「これがユートピアかなあ」と思うようなこともたくさんあるのですが、この世において制度でつくるのは難しいことはあると思います。

いずれにせよ、政治哲学《てつがく》というか、政治思想のなかの一部として、私も学生時代から勉強はしたものです。

ユートピア思想やユートピア論は連綿と出ている

大川隆法　こういうユートピア思想は連綿と出ていて、マルクスの共産主義もユートピア思想の流れのなかにありますし、もっと古くは、プラトンの『国家（ポリテイア）』も理想国家についての話なので、ユートピア論と言えばユートピア論です。

トマス・モアはアウグスチヌスの『神の国』の連続講義もしていますけれども、

アウグスチヌスの『神の国』も、ユートピア論と言えばユートピア論でしょう。あの世に還《かえ》ると存在する神の国を、この世に何とかつくろうとするような考え方だろうとは思うのですが、けっこう浩瀚《こうかん》な著書なので、読み終わるころには、最初に書いてあったことを忘れるぐらいの本ではあります。

当時は、時間がたっぷりあったので書けたということもあるでしょうし、読むほうも、たっぷり時間があったので、偉い人が書いた本はゆっくりと読んで過ごせばよかったということもあるかと思います。ただ、現代では、嚙《か》み砕《くだ》くのは少し難しいかなとは思います。

ちなみに、アウグスチヌスの『神の国』等は、私も昔、勉強しました。当時、ハンナ・アーレント等を読んでいたのですが、ハンナ・アーレントが最初に書いた学位論文が「アウグスチヌスにおける愛の概念《がいねん》」という論文だったので、その関係もあって、アウグスチヌス等も比較《ひかく》的早い時代に読んではいたのです。

なお、ハンナ・アーレントは二十二歳のときに、この「アウグスチヌスにおける愛の概念」を書いています。ハイデガーの下《もと》で恋愛《れんあい》関係になってしまったので、彼の友人のヤスパースのところに送られ、ヤスパースの下で二十二歳のときに、博士論文に相当する、この「アウグスチヌスにおける愛の概念」を書いて、博士に当たる学者の資格を取ったのです。

ただ、こうした「愛の概念」を書いたり、「ユートピア論」を書いたりした人たちが、その後、けっこう厳しい試練や迫害《はくがい》を受けるという皮肉は、いつの時代にもあるものだろうと思います。魂《たましい》が純粋《じゅんすい》な分だけ、そうした迫害が及《およ》んでくることもあるのではないかと思うのです。

英国国教会をつくり、結婚《けっこん》を六回したヘンリー八世

大川隆法　さて、トマス・モアは、出世もして大法官にまでなるのですが、キャ

サリン妃《ひ》の離婚《りこん》問題について協力しなかったために、国王のヘンリー八世に「首《しゅ》長法《ちょうほう》（国王至上法《こくおうしじょうほう》）」というものをつくられ、そのあと英国国教会が成立するわけです。

トマス・モア自身はルターの宗教改革、新教づくりには反対していたために、ローマ法王からは、「カトリックの擁護者《ようごしゃ》」ということで、信任はずいぶんあったのですが、結果的には、「英国国教会ができて、カトリックとは別のものが出来上がった」というかたちにはなりました。

といっても、簡単に言えば、ややくだらないと言えばくだらないのですが、内容的にはカトリックのキリスト教とあまり変わらず、要するに「離婚ができる」ということです。

ただ、「これだけで本当に悪なのか」と言われると、若干《じゃっかん》、微妙《びみょう》なところはあります。現在も、先進国では離婚は五割ぐらいはありますし、いろいろと女性の社会進出もあって、昔ほど、一生、忍耐《にんたい》するのは簡単なことではなくなっているように思うのです。その意味では、善悪の両方があるかと思っています。

ヘンリー八世は、正式には六回結婚していると思いますが、それ以外にも愛妾《あいしょう》はいたでしょう。ただ、これも、ほかの国に比べればどうかというと、「中国の阿房宮《あぼうきゅう》などには美女三千人がいた」などとよく書かれていますので、三千人ともなれば、もう規模が違います。六人と三千人とでは違うし、「徳川《とくがわ》家の大奥《おおおく》も三百人ぐらいいた」と、よく出てきます。

したがって、王様としては、それほど極端《きょくたん》な狂《くる》い方をしていたとも思えないところはあります。ただ、先日、調べてみた感じでは、地獄《じごく》に行っているのではないかと推定はされます。

〝現代のトマス・モア〟が今、取り組んでいること

大川隆法　なお、トマス・モアは、自分では、「現代に生まれ変わって、ビル・ゲイツという魂として、コンピュータ、インターネットの世界等で事業を起こして活躍《かつやく》した。その後、引退して、今、財団をつくり、世界の貧困問題や社会問題の解決のために活動している」というように言っています（本書第2章参照）。

今日、この収録の前に、最近出た『黒帯英語十段①』（宗教法人幸福の科学刊）を少し読んでいたのですが、ちょうど、ビル・ゲイツ氏に関する記事が載《の》っていました。ビル・ゲイツ氏が中国に行って提案した内容の短い英文記事ですが、要するに、「トイレの問題を解決しなくては駄目《だめ》だ」というようなことを言っていました。

「先進国はみな、水洗トイレで流すかたちで衛生を担保《たんぽ》しているけれども、そ

れは、発展途上国《とじょうこく》ではかなり難しい」とビル・ゲイツ氏は考えています。そのように水で流すかたちにするには、排水《はいすい》システムをそうとうつくらなくてはならないため、インフラが必要になるのです。

そのため、貧しい国では難しいと見て、「排泄物《はいせつぶつ》に熱処理を施《ほどこ》して焼却《しょうきゃく》すると同時に、化学処理を施して肥料に変える」というわけです。肥料に変えることができれば衛生問題は解決するし、それは同時に、農業でいろいろな穀物や野菜、果物、その他を育てるための肥料にもなります。

そのように一挙両得《いっきょりょうとく》になるので、ビル・ゲイツ氏は、そうした、トイレから肥料をつくる方法を習近平《しゅうきんぺい》氏にも提案したようです。

「この方法で世界の問題を解決したい。衛生問題はそうとう難しく、発展途上国では、五歳未満の子供たちが、この問題によって毎年五十万人は死んでいる。こうした、水を使わずに糞尿《ふんにょう》を肥料に変える技術を普及《ふきゅう》することができれば、五十万人の命が助かるだろう。そう思って、今やっている」と、そのような記事が『黒帯英語十段①』には出ています。『黒帯英語』は日本語を読んでも勉強になると私が言っているのは、そういったことが載っているからです。日本のニュースには載らない記事が入っているので、ときどき読んでいただければ、参考になることもあると思います。

確かに、五十万人の人を毎年救えるのであれば、しかも、ただ命を救うだけではなく、糞尿を肥料に変えて農作物もつくれる力に変えていけるのであれば、食料が増えるので豊かにもなります。

〝現代のトマス・モア〟は、そうしたかたちで、ユートピア社会をつくれないか奮闘《ふんとう》しているというところでしょうか。そのようなことがあると思います。

あまり長くなってはいけないので、前置きは以上とします。

トマス・モアに「未来社会建設のためのヒント」を訊《き》く

大川隆法　ちなみに、本日の霊言《れいげん》のタイトルは「トマス・モアのユートピアの未来」としました。これは、私がたまたま思いついて書いたものですが、もう十三年も前の二〇〇七年の八月十七日付で、『ユートピアの未来』研修というものを私はつくっており、今、総本山《そうほんざん》・未来館《みらいかん》で行われているそうです。つくった本人はすっかり忘れていましたが、トマス・モアから頂いた公案《こうあん》六条で、『ユートピアの未来』研修というものができています。

実は、この研修の公案には「神戸《こうべ》正心館《しょうしんかん》用」と書いてあるのですが、神戸正心館はまだ建っていません。今、目標にはしていて、大阪《おおさか》正心館が小さいので、「そろそろ神戸にもどうか」という感じではあるのですが、神戸が建たないので総本山・未来館で借用されているようです。

この研修の指導霊はトマス・モアであり、「同じ題」が出ていますので、本人の証明のようなものかとは思います。

とはいえ、題にはかかわらず、聞きたいことを訊《き》いてください。本来は天上界《てんじょうかい》にある仏国土ユートピアを、この世に降ろそうという運動を私たちもしていますので、それに関連して聞きたいこと等がありましたら、「トマス・モアの意見を中心に」ということになりますけれども、どのように思っているのかを聞くことができるのではないかと思います。

それでは（手を二回叩《たた》く）、トマス・モアの霊よ、トマス・モアの霊よ（手を三回叩く）。

幸福の科学に降りたまいて、われらのさまざまなる疑問にお答えくださり、未来社会建設のためのヒントにさせてくださいますことをお願い申し上げます。

トマス・モアの霊よ、トマス・モアの霊よ。

（約五秒間の沈黙《ちんもく》）

トマス・モア　はい。

Q1　生前の著書『ユートピア』で語りたかったこととは

質問者A　トマス・モア様、本日はまことにありがとうございます。

トマス・モア様の主著に『ユートピア』がありますが、ここで語りたかったことは結局何かということと、それが現代の社会にどのように応用できるかということ、このあたりについて、まずお聞かせいただければ幸いでございます。

トマス・モア　それは、本を一冊書かなければいけなくなるような質問じゃないでしょうか。

質問者Ａ　簡単に、一言《ひとこと》でお話しいただければ……。

マルクス主義とは明らかに違《ちが》う、トマス・モアの考える平等社会

トマス・モア　まあ、アウグスチヌスの『神の国』が浩瀚《こうかん》な本でございますので、もうちょっと簡潔なかたちで、具体的に何か書けないかなということで。グレートブリテン以外にですね、「ユートピア島」というのがあったとして、「そこに住んでいる人がユートピア感を感じるのは、どんな感じだろうか」ということで書いてみたんですけどね。

「ユートピア」っていうのは、「どこにもないところ」という意味もあるので、「nowhere《ノーウェア》」なんですよね。だから、実際にはありえない、この世にはありえないものではあるんだけれども、ある意味で、「神の国がこの世に姿を現すとしたら、どんなかたちになるだろうか」というのを、当時のレベルで考えて書いたも

のですけどね。

まあ、階層制度があんまり固まりすぎると、一生が非常に固定的になりすぎるところもあるので、そのへんはどうなのかなっていう疑問は、やっぱり持ってはおりました。

私も裕福《ゆうふく》な階層ではあったから、大学教育等も受けられた者ではありますけど、受けられない人たちのなかにも、やっぱり優秀《ゆうしゅう》な方はいたしね。

ただ、私の考えるユートピアでは、現代に数多い無神論者たちですね、無神論・唯物論《ゆいぶつろん》の者たちは、いちおう犯罪人扱《あつか》いですので。ユートピア島からは〝追い出される〟ことになっておりますので。

ちょっと、「共産主義制度の先駆者《せんくしゃ》」のような言われ方をすることも多いんですが、マルクス主義とは明らかに違《ちが》うことは、一線が画《かく》されていることは、ここで分かると思うんですね。神仏への信仰心《しんこうしん》を持っていないような人は、ユートピア島には〝住めない〟ということになっておりますので。

だから、できるだけ、みんながある程度、「平等感」を持てるような社会はいいとは思いましたけれども、唯物論的な意味で、というわけではなくて、あくまでも生活の利便性等の問題ですね。

例えば、今のあなたがたであれば、貧富の差に関係なく、みんな電車に乗れるし、タクシーも使うし、飛行機に乗れる人も多いですからね。昔なら、みな貴族でなければ無理だったと思いますけれども、普通《ふつう》の人たちが乗れるようになってますわね。

だから、共産主義とは違うけれども、そうした、「多くの人たちが、一般《いっぱん》的に、平等な、この世的な利便性を享受《きょうじゅ》できる社会をつくる」ということだし、今の時代の、「電気が各家庭に配されて、そして、コンピュータ等でいろんな世界とつながれる」っていうようなのも、ある意味で、何て言うか、財産の平等化という意味ではないけれども、「みんなが人間として、同じようなチャンスを得られる」という意味での平等社会の建設かなとは思っております。

それから、本屋にも本が溢《あふ》れておって。昔は、本当に、金表紙の袋《ふくろ》とじの立派な本しか読めなかったから。ペーパーナイフで袋を破《やぶ》って一ページずつ読んでいくという贅沢《ぜいたく》な読み方で、現代の本よりもはるかに立派な本ですけれども。まあ、これも貴族階級特有のもので、庶民《しょみん》は読めないレベルでしたので。

こういう本が廉価《れんか》で……（文庫版の『ユートピア』を手に取る）、まあ、私の『ユートピア』が、値段が今、上がっているかもしれませんが、税金が違うので分かりませんが、ここにある、たぶん古本と思われるものは六百六十円で売っているとのことであるので。うーん、私の本が六百六十円か、うーん……。いっそなら、六百六十六円にしていただければ、「六六六」で、なんか〝いい感じ〟になると思うんですけれども。今は、もうちょっと高いかもしれませんが。

まあ、廉価版のね、文庫本とか新書版とかの本だったら、学生でも買えるという意味で、知識が数多くの人に共有できる世界ができている。そういう意味では、私なんかが思う意味では、要するに、「学問をすることも大事だ」ということを言っているので。

だから、労働時間を、午前三時間、午後三時間の六時間にしていますけれども、余暇《よか》をちょっと増やそうとしていますが、これを怠《なま》けて、何て言うか、奢侈《しゃし》な生活に走るということではなくて、「学問研究に充《あ》てよ」ということであるので。「本を読んだりする時間が欲《ほ》しい」ということですね。私なんかにとっては、そうした、自由に本が読めたり研究できたりするのも、魂《たましい》の喜びであるんでね。

それが今は、大学生でもできるし、主婦層でも子供を学校に送り出したあとは、勉強しようと思えば本が読めたりもするということだし。

あるいは、女性が社会進出して、職業を持って、男性と同様に働いていく場合にも、知識が力になって、同じような事務仕事とかコンピュータ類を使った仕事であれば、似たようなレベルまでは仕事はできる。

だから、昔は男性が……、まあ、イメージしていたのは、ほとんど「戦争」ですよね。「戦争」と「戦争のための待機」みたいなものがありますので。まあ、男のほうが体力的に強いので、槍《やり》や刀を使って戦うと。その代わり、王様からお給金を頂くと。そういうことで、家族を養えると。まあ、そういうかたちになっておりましたけれども、今は女性でも、ボタン一つ押《お》せばミサイルを発射できる時代にもなっておりますので、そういう差は、もうあんまりなくなってはきているのかもしれませんけどね。

まあ、できるだけ、この世の利便性は増したいとは思っているんです。そして、みんなの給料を一緒《いっしょ》にするっていうわけではないんですけど、ある程度、普通の人で、そうした社会の公共物を利用できるような、そういう制度をつくりたい。

安いお金で本も買えるけれども、本が買えない人は、公共図書館へ行けば借りて読むこともできる。そういう社会は、やっぱり、いい社会だと私は思っております。

現代の論点としても残る「信教の自由」の問題

トマス・モア　ただ、あと、「信仰の問題」は難しいところがあって。自分の経験等もございますので、英国教会がカトリックと分離《ぶんり》する……。

まあ、以後、だいたい、王様の宗教が、その国の宗教になっていくんですけどね、宗教戦争等を経験して。収まりがつかないので、「王様が何を信じるかによって、その国教はそれに決まる」というかたちになっていくんですが、大きな戦争がたくさん、以後、起きます。

まあ、そういうことですが、私が生前に言ったのは、「強制的に他人《ひと》の宗教や信仰を奪《うば》って変えさせる、改宗させるような人は、要するに、奴隷《どれい》階級に落とす」というようなことまで言ったりしておりますので。

まあ、これですと、日本だと日蓮宗《にちれんしゅう》系統とかですね、現代の新しい新宗教として、その流れを汲《く》んでいる一派であり、政治進出している某《ぼう》宗教なんかは、無理やり改宗させていた時期もございますので、これは、私の当時の考えによれば、奴隷階級に落とされることになるので。「他人の信仰を強制的に取り上げて、ほかのものに変えるということは、あまりよろしいことではないのだ」ということを言ってはいます。

まあ、ここも、でも、現代の論点としては、まだ残っていて。

例えば、イスラム教なんかも、「改宗すると死刑《しけい》」とか言われたりもするし、させようとしても、やっぱり罪に問われるようであるので、「信教の自由」は、自由としてあってもいいのかなと思います。

だから、本人の自由意志で信仰を持っているのを強制的に変えさせる、まあ、王様が変えさせるとか、法律で変えさせるとかいうのは、ちょっとどうなのかなと思います。

ただ、もっと厳密に言えば、「信教の自由」といっても、本当に間違っている宗教もないわけではないので。

例えば、植民地時代であれば、未開の地に行くと、やはり、人体を生贄《いけにえ》にし、人を生贄にして、心臓を取り出して祀《まつ》ったりするような宗教もありましたのでね。そういうのは、キリスト教から見れば〝邪教《じゃきょう》〟だと思われて、滅《ほろ》ぼされたものもありますけれども。そういう種族を滅ぼすことがいいのかどうかは、ちょっと、何とも言えませんけれども。

宗教にとって、まあ、人を本当にいい方向に導いているかどうか疑問なものもあるので、これをどうするかっていう問題は残るんですけれども、「人間の魂の善性を信じて自由に信仰させれば、よりよき宗教のほうに人は移っていくだろう」ということを信じるのが、「信教の自由」かなというふうには思っています。

そういう意味で、あまり強制的にやるべきものではないと思います。

現代の知識人は「自分自身の本質」を知らない

トマス・モア　ただ、無神論・唯物論は、これは、はっきりとしていて、「天国の住人たちが、私たちの目指すべきユートピア世界にいる」と考える考え方から言えば、これはもう、地獄《じごく》に行くしかない人たちになりますので。まあ、現代では、こちらのタイプの人がそうとう増えてきておりますので、これは急務だと思うんですよ。

科学技術的には非常にレベルが上がって、大学入試とか、その他の知識教育では、ものすごく高いアチーブメント（達成度）を出して、頭がよい、この世的

には リーダーになるべきと思われているような人のなかに、「あの世を信じない。人間が死んで命があるとは思わない。魂が入って肉体のなかに宿って生きるなんて考えられない。そんなの未開人の考えだ」と言う人が、有名大学を出ている人でもいっぱいいいるわけですね。だから、信じられないんですね。体質的に信じられない人がいっぱい増えてきた。

例えば、某大学の名誉《めいよ》教授なんかも、子供のころにお風呂《ふろ》に入っていて、お風呂の窓から外を見たら、人魂《ひとだま》（火の玉）がフワーッと庭で飛んだと。これを見て、「うわあ、人魂だあ」と思って、もう田舎《いなか》の人らは特に怖《こわ》がったけど、その後、理工系の勉強をしたらプラズマというものがあって、「プラズマ発生装置をつくったら、人魂なんか人工的につくれる」と。

そういうことで、「人魂じゃなくてプラズマだったんだ」というふうなことで、そういう霊的《れいてき》なものを全部否定するっていうようなことを、テレビ等でやっている方もいらっしゃるけれども、じゃあ、「田舎の農家で何の機械もなく、なぜプラズマが発生したか」の説明は、やっぱりできないですよね。できないけれども、「そう信じたい」という気持ちのほうが多いということでしょう。

あるいは、日本の別の意味での知識人で、たくさん本を読んで本を書いた方で、ご両親が無教会派のクリスチャンだったという方、まあ、親よりも頭がよかったと思っておられる方なんかで、「知の巨人《きょじん》」を語っておられる方もいらっしゃると思うんですけど。最終的に、「死後の世界」とかをいっぱい探究したけど、「脳死」とか「臨死」を研究したけど、結局、「これは脳の作用だ」という結論に最後は達して。

「死後の世界に旅立つときに、恐怖心《きょうふしん》で苦しまないようにするために、もともと〝自爆用《じばく》〟じゃないけれども、自分が死ぬときのために、脳内モルヒネというのが分泌《ぶんぴつ》されるように人間はできているんだ」ということで、「そういう脳内モルヒネが分泌されると、菜の花畑が見えたり、小川が見えたり、懐《なつ》かしい亡《な》くなった人たちが見えたりする。そういう幻《まぼろし》を見て、ドリームランドに行くような気持ちで逝《い》けるんだ」と。そういう「脳内モルヒネが出る」とか、「脳の側頭葉《そくとうよう》の電気作用によって、トンネルを通るような気分になるんだ」とか、そんなことが結論になっている方もいて、残念な結論ですね。

まあ、反省されることになると思いますが、三万冊本を読んでも、悟《さと》れないものは悟れないので、多くの人を間違った方向に導いていると思われますね。

「そんなに勉強していない人は〝未開の人〟だから、勉強した人の言うことをきくべきだ」と思っているんだろうけれども、「事実」は変えられませんので。

やっぱり、あの世の世界はあるし、臨死体験なんかした人が感じたトンネル現象、「暗いトンネルを抜《ぬ》ければ、そこから出れば、光の世界が出て、そして、菜の花畑や小川や、いろんな美しい世界が出てきて、善良な人たちがいっぱい住んでいた」という体験をしている人はいっぱいいるんですけど、「これは、赤ちゃんとして生まれるときに母親の産道を通って出てきた、その記憶《きおく》が再現されているだけだ」とか思うのは、あまりにも短絡《たんらく》すぎる考え方であるというふうに思いますね。

そういう意味で、やっぱり、科学技術的なものがすごくレベルは上がりましたし、私たちの十五、六世紀から見れば、もう本当に、信じられない未来が展開しているのは事実ではあるんだけれども、ある意味で、人間がバカになっていることも事実で、「自分自身の本質を知らない」っていうのは驚《おどろ》きですよね。

「自由」を残しつつ、騎士道《きしどう》精神で社会的な「救済」も行いたい

トマス・モア　だから、自動車に乗って運転するのは構わない、各人の自由だけど、運転手が、自分自身が運転していることを分からなくなって、「これはロボ

ットが乗って、勝手にハンドルを握《にぎ》って自動車を運転してるんだろう」と、「自分自身をロボットだと思っている」っていうような世界は、まあ、これはいずれ来る時代なのかもしれませんが、やっぱり、悲しいことではないかと思います。

だから、ここには一線を、私は画しているつもりではおりますので、単純な「唯物論的・無神論的な共産主義」とは違って、「貧困問題」を解決し、あるいは、「生まれつきによる、特権階級による富の独占《どくせん》」みたいなのは、ちょっと考えたほうがいいということですね。

ただ、自由にやりますと能力差が出るし、努力の結果に差が出るから、確かに、億万長者《おくまんちょうじゃ》も出れば、生活保護者世帯も出てくる。

だから、自由に努力した結果、億万長者になった者が、「騎士道《きしどう》精神」を持って、やっぱり、そういう社会的底辺の人を救いたいっていう、ビル・ゲイツのように財団をつくって、そういう人たちを救いたいっていうのは、それは、普通の国家の領域を超《こ》えて世界中でやれることですので、そういうのは、私は尊いことなんではないかなとは思うし。宗教に属している人だったら、それは、教会や修道院や教団への寄付とかに相当するのかもしれませんけど。

まあ、「自由」を残しつつ、何とか、社会的なそういう「救済」もできるようなことはあったほうがいいと思います。

この世であんまり悲惨《ひさん》な生活が続くと、「心清くあれ」と言っても難しい面もないわけではないので、できるだけ、そうした要因は減らしていきたいなというふうには思っています。

Q2　未来のユートピア社会の見取り図とは

質問者B　本日は貴重な機会を賜《たまわ》り、まことにありがとうございます。私からは「ユートピア社会における信仰《しんこう》のあり方」について、ご質問させていただきます。

近代以降、政治、経済、学問、科学技術等の発展によって、この世における利便性が増し、人々の幸福が増大していった一方で、神への信仰が薄《うす》れていった面があると思います。現代社会におきましては、信仰を前面には打ち出さず、内心の自由にとどめて、公的な場で宗教や信仰について語らない人々や、神やあの世を信じない唯物論《ゆいぶつろん》・無神論的な人々も増えております。

トマス・モア様は、ご著書『ユートピア』のなかで、「信仰」を非常に重要視されていましたが、改めまして、この世的な利便性や幸福の増大と、神への信仰を両立していくための考え方、未来のユートピア社会の見取り図をご教示いただければ幸いです。

人間がつくった害悪については、人間が解決するべく努力を

トマス・モア　まあ、人間がつくった害悪については、人間がそれを解決するべく、努力することは大事であるとは思うんですよね。

日本でも、若い人はもう分からなくなっているかもしれませんけれども、戦後まもないころから、「公害」というのがいろいろ流行《はや》りましてね。

工業廃水《はいすい》が川に垂れ流しになることによって、魚も、いろいろ変形した魚がいっぱい生まれたりして。魚でも変形するぐらいですから、その水を使ったり、あるいは魚を食べたりした人たちに病気が出てくるけど、原因が最初は分からなく

て。イタイイタイ病とか、その他ですね、背骨が歪《ゆが》む人だとか、未熟児、手がない人とか、いろんなのが出てきたりして、これは、工業廃水等が浄化《じょうか》されていなかったことが理由でありましたよね。

そういうことで、企業《きぎょう》にとっては儲《もう》けにならないことではあるんですが、そういう負担がつけられるというか、責任をかけられるとコストがかかるので、知られないほうがいいけど、知られてしまった結果、やっぱり浄化して放水しなければいけない状態になって。

まあ、同じ状態が、今、中国なんかにも来てますよね。三峡《さんきょう》ダムとかをつくったものの、やっぱり、すごいことに、結果はなっているようですねえ。日本みたいな技術がなかったために、ダムをつくっても、そうとう砂も溜《た》まるし、汚物《おぶつ》も溜まるし、水が流れない状態になって、けっこう厳しい状態になっているようだし。工業廃水はずいぶん垂れ流しになっているし、ＰＭ２・５といわれるような、石炭から出る粉塵《ふんじん》を吸い込《こ》んで病気になる方も増えている。

こういうふうに、人がつくったものについては、それを、改善すべく努力しなければならない面もあると思います。

「異次元的な力」が働いている、大震災《だいしんさい》や新型の悪性ウィルス

トマス・モア　あと、やっぱり、「唯物的でないものもある」わけで。

日本であれば、村山富市《むらやまとみいち》政権、「自社さ政権」ともいわれたけれども、社会党の党首が総理大臣になった年に……。要するに、あんまり神を信じていなかったんでしょうけれども、普通《ふつう》は、内閣は組閣したあとは、新年には必ず伊勢神宮《いせじんぐう》に参拝《さんぱい》するというルールがあって、今も守っていますけれども、そのときだけ、村山富市さんのときだけ、伊勢神宮に参拝しなかった。

そうしたら、一月十七日に阪神大震災《はんしんだいしんさい》が起きて、慌《あわ》てて、野党も与党《よとう》も関係な

く、伊勢神宮に参拝したっていうようなことがあって。そういうことがあって初めて、「やっぱり、今までやってたこと、内閣が伊勢神宮にお参りするっていうことには何か、この国を統《す》べている神様の承認を得る意味があったのかな」という、そういうことを、本当は考えなければいけない事案だったでしょうね。

実際、その後に参拝に行ったのを見れば、「これは神の神罰《しんばつ》かもしれない」と思ったんだろうと思います。

あとは、幸福実現党も立った直後ですけれども、民主党政権になったあとに、二〇一一年ですね、「3・11」でしたかなあ、東日本大震災が起きました。

これは明らかに、幸福実現党というのがもう立っていたし、民主党政権の政策に対する批判をだいぶしていたにもかかわらず、まったく国が……、まあ、政党や投票する人、マスコミ等が、「宗教は政治から排除《はいじょ》する」という態度で無視していた結果、やっぱり、大きなそういう事件は起きたんではないかなと、私は思

います が。

これも、「神の警告」として十分に受け入れないで、その数カ月前に、天照大神《あまてらすおおみかみ》の霊言《れいげん》で、それは予告されていたことではあるんだけど、理解はされなくて、結局は「原子力が悪いんだ」っていうような話にすり替《か》わっていっていますので。これ、まだ終わっていない問題があるから、「エネルギー関連」で、まだまだ日本も、これから試練を受けることには、たぶんなるだろうと思っています。

それから最近は、中国で今、新しい、SARS《サーズ》、MERS《マーズ》等に続いてのウィルスですね。悪性のウィルスによる武漢《ぶかん》中心の肺炎《はいえん》が流行って、かなりの広がりを示していて、中国全土が戒厳令《かいげんれい》状態で、武漢、一千百万人もいる所を封鎖《ふうさ》している状況《じょうきょう》です。それで、北京《ペキン》に入らないようにしているし、大量の人が海外に行かないように……。ちょうど、「春節《しゅんせつ》」っていう正月の始まる前に流行りましたね。

これなんかも、去年の香港《ホンコン》の百万人デモ、二百万人デモ等が半年以上続いてい

●その数カ月前に…… 『最大幸福社会の実現―天照大神の緊急神示―』（幸福の科学出版刊）参照。

たことや、台湾《たいわん》への脅威《きょうい》、中国の侵略《しんりゃく》脅威を与《あた》えていたのが、やっぱり、中国包囲網《ほういもう》のようなかたちを見せている。中国のほうがおかしいので、その悪いウィルス菌《きん》を外に出さないでもらいたいと、今、隔離《かくり》されてるように見えなくはないですね。

上層部がそれに気がつくかどうかは知りませんけれども、こういう悪性のものが突如流行《とつじょはや》ってくるという場合は、何らかのそういう「異次元的な力」が働いていることはあるということは、知ったほうがいいと思うし。まあ、大川隆法さんなんかは、その原因もたぶん知っているとは思います。

また、その武漢には、中国の生物兵器の研究所まであるというふうに伝え聞いておりますので、あるいは、そういう事故ということもありえるのかもしれないけれども、「生物兵器が起こす脅威はどんなものか」ということを、彼らに知ってもらうことも大事なのではないかと思います。

生物兵器は北朝鮮《きたちょうせん》も持っておりますので、北朝鮮が撃《う》つミサイルは核《かく》ミサイルばかりではなくて、生物兵器、そういう悪性ウィルスを込めたものを発射された場合、もし、それが飛んできても、あるいは爆破《ばくは》されていても、攻撃《こうげき》されている、あるいは戦争状態になっていることが分からないままに、多くの人が死ぬ場合もございますから。そうした、「生物兵器による攻撃等の危険性」を認識する意味でも、今回は大事なのではないかと思います。

神の意に反していると、疫病《えきびょう》などの何らかの「警告」が出てくる

トマス・モア　それ以上に、「中国人お断り」というので、いろんな国から反発されているところなので、これが、「神意」もしくは「それに類する力」が何らか働いていることは、私にとっては明らかなのではないかというふうに思っていますので。

そうした、「弾圧《だんあつ》的な、威嚇《いかく》的な政策」および「人権を無視した政策」がいつまでも続かないように、こういうものが起きて「政権への不信」が広がることが一つの狙《ねら》いであり、これによって香港や台湾の人たちは、中国の侵食に対する一定の防波堤《てい》が必要であることを、今、実感しているはずですので、まあ、絶妙《ぜつみょう》のタイミングのように思います。

亡《な》くなった方とかには、それは気の毒だと思うし、病気が広がることの恐怖《きょうふ》は世界中にあると思いますが。まあ、こういう衛生基準はどの程度か、これから見たら分かると思いますが、「まだまだ人の命を安く見ている国が、それ以上の拡大・拡張を目指すことが、人類にとってのどんな未来を呼び起こすか」ということを、たぶん、まざまざと見ることになるだろうと思いますね。

「これを起点として、人命とか人権とかいうものを、もう一段、考える国に変わってもらいたいなあ」というふうに思っていますし、私は、たぶん、そういう

「神意」が何か働いているのではないかなと思っています。

ですから、「利便性」が増していくと同時に、気をつけないと「信仰心」が失われていくので。そのときには、その当時の人間の技術レベル、テクノロジー等で乗り越《こ》えられない問題が出てくることがあって、そして、「人間側が敗れる、人間社会側が敗北する経験」は何度も出ると思うんです。

過去、もう何度もありました。第一次大戦が起きる前とかはスペイン風邪《かぜ》のようなのが流行って、世界人口の三パーセントぐらいが死ぬというようなこともございました。やっぱり、「警告」と取るべきだったと思うんですけどね。でも、やっぱり戦争が始まっていきましたし。

中世の宗教戦争をやったときにもペストがすごく流行って、国の人口が三分の一ぐらいにまで減ることもあったと思います。やっぱり、これは、やってはいけないものがあったんだと思うんです。旧教（カトリック）と新教（プロテスタント）のどっちが正しいかで、たぶん片方を滅《ほろ》ぼすまでやろうとしていたと思うんですが、そうするとペストのようなものが流行って、両方、死者が大量に出てくる。これは、「神の意に反している」ということだと思うんですよね。「殺し合わなくても、あなたがたは、このままでは死ぬよ」ということを示しているんで。

最終的には、そういう「警告」も出てくることもあるので、未来社会がこれから、テクノロジーの向上ばかりを考えて、人間が本質を忘れ、神仏の存在を忘れていく方向に行くならば、まだみなさまがたが経験していない、そして、すぐには克服《こくふく》できないような脅威が現れて、反省させられることになると思いますね。

だから、今は「地球温暖化の問題」等も言っていると思いますが、まあ、これは別に意見を言われる方がいらっしゃるから、私は言いませんけれども、たぶん、未熟な科学で議論しているものだと推定しますので。

まあ、温暖化の対策さえすれば、人類が幸福になるわけではありませんで、やっぱり同時に、「人口増の問題」や「貧困層の拡大をどう解決するかという問題」も併《あわ》せて考えなければいけないんじゃないかと思います。

「神は長い間、無神論・唯物論《ゆいぶつろん》国家の繁栄《はんえい》を認めない」

トマス・モア　いずれにしても、神は長い間、無神論・唯物論《ゆいぶつろん》国家の繁栄《はんえい》とかは認められないと思いますので、そういう結果をまざまざと見ることがあって、そのときに、やっぱり、反省すべきは反省しなければいけないんじゃないかと思います。

日本に天変地異が続いているし、昨年（二〇一九年）でも台風とか洪水《こうずい》とかはいっぱい起きましたけど、国全体が、やはり、本当に唯物的になりすぎてきて、科学万能《ばんのう》で、「学問とは科学のこと」「神仏の信仰は、こんなのは迷信《めいしん》」という風潮が教育で当たり前になってきているので。

いろんな災害が続くことで、この世的な不幸は起きるけれども、やっぱり、「根本的に、ちゃんとした信仰心、道徳心を取り戻《もど》してほしい」という気持ちを汲《く》み取らないと駄目《だめ》で、「それが分からないような保守政権というのは、あってはならない」という神からの警告ではないかと、私は思います。

まあ、こういうことは、私には全部は分かりませんけれども、ある程度、理解できます。

コンピュータ社会をつくって、ＡＩを神にしてしまってはいけないのであって。もちろん、それを使いこなしてはいいけれども、人を弾圧したりですね、人権弾圧したり、犯人探しばっかりに使うような、こういう監視《かんし》社会をつくってはいけないわけで。そういう社会をつくれば、必ず反作用が何か起きるんだと思っています。

私などは、まあ、現代的には、そういう進んだ技術者のほうで出てはおりますけれども、信仰心は失ってはおりません。

そうした新しい技術によって富める者は、苦しむ者、貧しい者等を救っていく義務があると思っております。そういう「高貴な義務」を忘れたら、成功は同時に失敗に転ずるものだというふうに思っています。

ですから、唯物論的な技術が発展しても、どこかでそれは敗れることがあって、反省をさせられる。「これは、反省の機会が与えられたんだ」ということに気づくレベルの人間性は残してもらいたいというふうに思っています。

Q3　カトリック・プロテスタント・英国国教会の動きはキリスト教の発展につながったのか

質問者C　本日は貴重な機会を賜《たまわ》り、まことにありがとうございます。

トマス・モア様のご在世時には、カトリックに対してプロテスタントが大きく台頭し、さらには英国国教会も成立しました。

激動の時代であったと思いますが、こうした一連の流れは、当時のキリスト教の発展や、人々の救済を推《お》し進める力になったのかどうか、今、振《ふ》り返られて、どのように見ておられるのでしょうか。

また、ローマ法王は世界各国の慰問《いもん》活動もされていますが、現代社会でキリスト教が抱《かか》える課題等については、どのようにお考えでしょうか。
現代のユートピア論を考えるヒントとして、ご示唆《しさ》を頂けましたら幸いです。

宗教改革が起きてプロテスタントが出てきた理由

トマス・モア　まあ、「近代以降、人口が増加して、産業革命が起きて、もうちょっと社会全体を豊かにする運動が起きる」ということを、そうした宗教者たちが理解していなかったというか、予想していなかったことは大きいかとは思うんですけどね。

だから、宗教改革が起きてプロテスタントが出てきた理由のなかには、やっぱり、そうした「産業革命以降の、新しい国の勃興《ぼっこう》」というものが予定されていたんだろうと思うんです。それは〝一つの筋書《すじが》き〟だったとは思いますが、守旧派の人は、私も含《ふく》めて、なかなか理解はしていなかったことは事実です。

また、イエスの当時は貧しい人たちが中心になっていた宗教ではあったし、イエス自身も貧しかったですので。だから、貧しさを肯定《こうてい》する言葉も数多く遺《のこ》っております。カトリックのローマ法王も、現在の法王なんかも、やっぱり、「貧しさのほうが神に近い」という『聖書《せいしょ》』に載《の》っている言葉に倣《なら》っているようで、「慎《つつ》ましく生きなければいけないんだ」というようなことは言っているとは思います。

ただ、現在、見るかぎりは、カトリック国のほうが、どちらかといえば、本来は保守のはずなのに、やや左翼《さよく》的で貧しくなってきている感じには見えて、そうでないプロテスタント系のほうが、豊かになって繁栄《はんえい》してきているようには見えますので、まあ、このへんで、神のお考えが少し変わってきてはいるのではないかと思います。

まあ、「貧しい者や弱者の味方」という考え方も一つはあるんですが、もちろん、神はそういう者を見捨てられない存在だと思いますけれども、不思議なことに、私を処刑《しょけい》したヘンリー八世の英国教会以降、エリザベス一世やその他の方々が出てきて、「イギリスの近代化」といろいろな戦いを通して、強国化、「富国強兵《ふこくきょうへい》」が起きて、「殖産興業《しょくさんこうぎょう》」、「産業革命」で世界中が変わっていく大きな流れがありましたので、このへんについては、私の力を超《こ》えた大きな力が働いていたのだと思うしかないですね。

キリスト教の「お立て直し」が必要だった時代

トマス・モア　でも、まあ、カトリックも、そうは言っても千五百年もの命脈を保っていたわけだし。おそらくは、今から考えるに、大きくは三度ぐらいの大きな十字軍の戦いがあって、「イスラム教 対 キリスト教」の戦いがあって、英国からもそうとう行って戦っているはずなんですけれども、決着はつかなかった。

それほどイスラム教のほうも興隆《こうりゅう》していて、豊かになっていた。彼らは、ムハンマドが商人だったこともあって、貿易とか、そういうビジネスみたいなものが教えのなかに入っておりましたから、そういう意味で、交通の要衝《ようしょう》にあって繁栄することができた。その富の力もあったし、武器の類《たぐい》もいろんなところから取り寄せることができたこともあって、なかなか勝てなかった、十字軍で勝てなかったというところもございます。

また、「ギリシャ哲学《てつがく》」等も、キリスト教社会のほうに入ってこないで、イスラム教世界のほうにむしろ入って。そこでアラビア語等に翻訳《ほんやく》されて、アリストテレスの哲学などが遺されて、中世以降、またキリスト教のほうに翻訳されて学び直すというふうな、そういう〝タイムカプセルの役割〟をイスラム教が担《にな》ったようなこともございました。

そういうことで、イスラム教に勝てなかった、引き分けで終わってしまったことに対して、このままだったらイスラム教のほうがもっと繁栄して……。特に数学とかは、イスラム教のほうがさらに発展していましたので。建築学、数学等は発展していましたので、「このままでは、全部、イスラム教の天下になってしまう」ということで、キリスト教のほうでの「お立て直し」が起きていたんだろうと。大きな意味ではね。

千五百年、もっていたけれども、ちょっと危なくなってきたし、ローマ帝国《ていこく》等も滅《ほろ》びていったので、「お立て直し」が要《い》って。それが産業革命とか、そういうものにつながる動きであったんだなということが、今にしては分かります。

まあ、ここまで大きな話になりますと、私の格ではもう足りなくて、もうちょっと上の次元の方々のお考えということにはなるでしょうね。

「対イスラム教の問題」と、それから、キリスト教の「貧しい人のために尽《つ》くす」という宗教から、人口が増えていく過程のなかで、「もうちょっと富の創造をなして、人々の貧しさを、この世の地獄《じごく》のほうを、もうちょっと消し込《こ》んでいく」ということも、神もお考えになられたんだというふうに思います。

ですから、産業革命の大号令をどなたが出されたのかは存じませんが、そうした「産業革命」が起きるのと、「観念論哲学」的なものがヨーロッパで発展するのとが一緒《いっしょ》に来ているので、何らかの意味で、教会がイノベーションしなければ生き残れなかったし。

教会がイノベーションしても、さらに、産業革命と、そうした観念論哲学とが両輪で回って、下手《へた》をしたら、「宗教の害を起こしている部分を取り除こうとする運動」になりかねないところまで来たのではないかなと思います。

もう一度、「神仏から見た善悪の判断」が求められる時代に

トマス・モア　ただ、そうした産業革命で富国強兵がなせるし、「理性による支

配」ですねえ。「三権分立《さんけんぶんりつ》とか議会制民主主義とか、制度を変えることによって、神ではなく人間がこの世をうまくコントロールしていける時代がつくれる」というのを考えたのは間違《まちが》いなく考えたんだろうと思うが、それでも、また第一次大戦、第二次大戦のようなものが起きて、「人間の理性の限界」というのが明らかになったのではないかなと思いますね。

だから、やっぱり、もう一度、原始的というか原初的信仰《しんこう》、当たり前のことを当たり前に考えることですね。「神様・仏様から見て、いいことか悪いことかということを考えて、善悪を判断して行動する」という当たり前のことを、もう一回ちゃんと入れなければいけないっていうことが、起きたのではないかなと思うし、「宗教を単に帝国主義的に使ってはならない」ということも出てきたのではないかと思います。

この点、中国の無神論的な帝国主義が、今、問題にはなっていますけれども、アメリカ等も科学技術が進んでいることにより、「他の宗教を滅ぼしてもよいかどうか」というテーマが、去年、今年と大きく浮上《ふじょう》してきているので、それが、「イスラム教の改革推進」という美名で収まる範囲《はんい》か、それとも、中東圏《けん》を含んでヨーロッパまで引きずり込むような大きな戦争になるか、今、〝分かれ目〟が来ていると思います。

「エル・カンターレの法」を現在進行形で学習し経験できる幸福

トマス・モア　「キリスト教だから、より豊かになり、より知識が増して知的になり、科学が進んでいる」というのは、まあ、イスラム教だって、そういうことが、もう一回起きる可能性はないわけではありませんので。これはまだ現在進行形で、まあ、私クラスの、菩薩《ぼさつ》クラスの人間には、ちょっとそこまでのマクロは見えないので、もう一段上の方に訊《き》いてもらうしかありませんが。

まあ、何らかの「イスラム教改革」は意図されてはいるけれども、キリスト教が完全にイスラム教を滅ぼしてしまったりすることや、もっと古い宗教であるユダヤ教が、イスラム教圏を全部支配してしまうというようなところまでは、おそらく許されてはいないのではないかと思うので、これについての答えが、近年中に出てくるのではないかなというふうに思います。

これは「核《かく》兵器の問題」も絡《から》めて出てくる問題だと思うし、ちょうど、あなたがたがこの世にいられる間に起きてくる問題として、どういうふうに解決するかを見せなければいけないんじゃないかと思います。

今、あなたがたは、アメリカの繁栄を肯定しつつ、アメリカのいろんな政治システムや経済システム等の優《すぐ》れたもの、あるいは科学技術の優れたところを認めつつも、また、それが行きすぎてはいけないことも警告しているのではないかと思うので。

それは同時に、「日本としての国のあり方」「選ぶべき未来社会のあり方」「人間がどうあるべきか」の課題が、ここにあるような気がしますので、これが、おそらく「エル・カンターレの使命」なんだろうと思いますね。

だから、人類のあるべき未来を示さずして、「エル・カンターレの法」は完結することはないだろうと思います。

これを現在進行形で、あなたがたは学習し、経験できるということは、とても幸福なことだと思ってください。

私たちの時代に、例えば、「ヘンリー八世がバチカンと戦って、独自に英国国教会を立てる」というのが、本当に大丈夫《だいじょうぶ》か、いいことなのかどうかというようなことは分からないし。その前に、自分はドイツでのルターの法王への挑戦《ちょうせん》等を見て、「これは大変なことだ」ということで。カトリックのほうは、「ルター以下の勢力はもう、これは悪魔《あくま》の仕業《しわざ》」と思っていた時代ですので。

そういう時代に、同時に、「英国教会で、離婚《りこん》のためだけに新しく独立教会をつくる」みたいなのは、「こんなことがあっていいんだろうか」ということは、まあ、同時代に判断するのはとても難しいですよね。

「立憲君主制が滅《ほろ》びるかどうか」も二十一世紀の課題の一つ

トマス・モア　さて、私の首を斬《き》ったからヘンリー八世が地獄に堕《お》ちたのか。離婚したから地獄に堕ちたのか。あるいは、その他、素行《そこう》全体が悪かったのか。あるいは、国民を迷わしたのか。

いったい、いかなる理由で行っているかは分かりませんが、総合的に、何かそういうことはあったんだろうというふうには思います。

今のイギリスの王室のなかにも、その立宗時《りっしゅうじ》というか、ヘンリー八世の英国教会を立てた時代の、そうした乱れがやや現れてきているように思うので。まあ、

〝庶民化《しょみん》〟ですよね。〝王室の庶民化〟がちょっと進んで。

王室というのが長く続いた理由は、やっぱり、基本的には「王権神授説《おうけんしんじゅせつ》」ですよね。だから、「神様の代理人がこの世を治める」というのであれば、王制であれば、そこでの後継者《こうけいしゃ》として生まれれば、まあ、なりやすいですよね、どうしても。後継者として、神の代理人として、この世を治めるのは楽ですけれども。実際、民主主義の時代になると、なかなか、選ばれるのは難しくなりますよね。

でも、そのほうがやや優勢になっているということは、そういう生まれつきの身分を持って生まれた者が、一生懸命《いっしょうけんめい》、神に献身《けんしん》しながら努力研鑽《けんさん》していけばいいんだけれども、実際は、堕落《だらく》する人が後を絶たないということでしょうね。

大きな権力には大きな責任が伴《ともな》うんだけど、大きな権力には、大きな腐敗《ふはい》、堕落も伴うことが多くて、現象的にはそちらのほうも数が多い。「マグナ・カルタ（大憲章）の精神」で、王様があまり税金を課して民《たみ》を苦しめないように、契約《けいやく》までなされたけれども、やっぱり、どうしてもそちらのほうに行ってしまうことがあるということで。

今、そうした「王権神授説的な王室」と「議会制民主主義」が、イギリスではドッキングしたかたちで存在しており、日本でも、ある意味ではそういう「立憲君主制」が残っており、まあ、タイでもそういうものは残っておりますが、いずれも、まあ、イギリスも将来的にはけっこう厳しそうだし、日本も厳しそうだなと、やっぱり思うし。タイもやっぱり厳しいかなと。現在、見て、王権が議会制民主主義との調和を欠いているものがあって。

王様の軍隊というのがあって軍隊を使えるのなら、この議会制民主主義で物事を決めていくことは難しく、軍隊の力には勝てませんので、まあ、あまりうまくはいっていないようには見えますね。

だから、こうした立憲君主制が滅《ほろ》びるか滅びないかも、二十一世紀の一つの課題になっていると思います。

あなたがたは、もしかしたら、それに立ち会えるかもしれません。

いつの時代にもリーダーは必要だが、「選び方」は課題

トマス・モア　いずれの結論もありえるんですけれども、ただ、言えることはね、「いつの時代もリーダーは必要だ」ということで、リーダーなくして、大勢の人間が、何千万、何億もの人が生きていくのは難しいです。

リーダーは必要だけれども、「リーダーを選ぶプロセスとか、あるいはリーダーを辞《や》めさせるプロセスとか、そういうものをどういうふうにするのが、最大多数の最大幸福になるか」を考えなければいけないということだと思うんですね。

だから、リーダーは必要。それが、王様であるのか、投票で選ばれた首相や大統領であるのか、あるいは最高宗教指導者であるのか。こうした「リーダーの選

び方」と、「国民の人権および繁栄権の確保」をどう調和させるか。まあ、二十一世紀の課題は、まだまだ残っているというふうに思っています。

私には全部できかねるところがあるので、みなさまがたの力もお借りして、ユートピア世界を建設できれば幸いだなというふうに考えております。

ありがとうございました。

大川隆法　はい（手を二回叩《たた》く）。

第2章　トマス・モアの霊言《れいげん》

二〇二〇年一月十五日　収録
幸福の科学　特別説法堂《せっぽうどう》にて

〈霊言《れいげん》収録の背景〉

本章の霊言は、第1章「トマス・モアのユートピアの未来」の収録より約二週間前の二〇二〇年一月十五日に、イギリス研究の一環《いっかん》として収録されたものである。

［質問者二名は、それぞれA・Bと表記］

1　「宗教的権威《けんい》」と「現世的権力」について考える

「宗教的真理が政治や法律の上にある」と考えていたトマス・モア

（編集注。背景に、英語経文《きょうもん》“The《ザ》 True《トゥルー》 Words《ワーズ》 Spoken《スポークン》 By《バイ》 Buddha《ブッダ》”がかかっている）

トマス・モア　トーマス・モア……です。

質問者Ａ　こんにちは。

トマス・モア　ああ、こんにちは。
映画を観《み》てくれた。

質問者A　はい。「わが命つきるとも」を観させていただきました。

トマス・モア　フフ（笑）。面白《おもしろ》くなかったでしょ。「頑固親父《がんこおやじ》の一生」という感じでしょ？　認めたらいいのに、認めないで、首を斬《き》られただけの男で。

質問者A　いえいえ。現代は離婚《りこん》も多くなってはいますが、今、振《ふ》り返られて、当時は、どういう意味合いがあった時期だと思われますか。
おそらく、ヘンリー八世とか、次のエリザベス女王のあたりから、イギリスもまた変革期を迎《むか》えると思うのですけれども。

●「わが命つきるとも」　トマス・モアの後半生を描いた映画（1966年公開）。

トマス・モア　まあ、カトリックでは「離婚」は、いちおうしないことになってはいるんだけどね。死ぬまではできないことになっているからね。まあ、その教義に則《のっと》っていたらだけど。

現実は、現代、離婚は多いからね。「離婚したら地獄《じごく》に行くというのでは、たまらない」というところもあるけど。まあ、確かに、「離婚騒動《そうどう》で地獄ができる」こともあるし、「結婚を続けることで地獄が続く」こともあり、難しい問題はあるだろうねえ。まあ、それはある。

私のほうは、まあ、うーん……、考え方としてね、「宗教的真理のほうが、国王や議会が決める政《まつりごと》、政治とか法律より上にある」という考え方を、基本的に持ってはいたんでね。

まあ、ここだよね、ポイントはね。

質問者A　そうですね。

「神の声の代理人」であるためには

質問者A　映画を観ていると、ポイントは、「離婚」というよりも、「政治と宗教についての考え方」で。

トマス・モア　そう、そう。

質問者A　ヘンリー八世のほうは、国王である自分の言ったことや決めたことが、すべての上に立つようにしようとされていました。

トマス・モア　まあ、「専制君主への道」だよね。宗教権も兼《か》ねてしまって、権力を持つということで。

別に、ローマ法王のほうがね、斟酌《しんしゃく》した上で「よろしい」と言うなら、私だって「いい」と言ったとは思うけどね。

ただ、斟酌する事情も、まあ、ゼロではないけれども、その後を見てもね、ちょっと、〝好色男子《こうしょく》〟であったことは間違《まちが》いないからね。「人の上に立つ者として、どうなのか」という。

特に、権力者というだけだったら、世界中ね、そういう権力者たちが妻妾《さいしょう》を囲うっていうことはたくさんあるから、全部が悪とは、私も思ってはいないよ。

ただ、「聖職者も兼ねる」というのであればねえ。だから、イギリスの……、何だろう、ペテロ？　「初代教皇の代わりに、イギリスの英国教会の創始者に就《つ》く」というなら、それは、やっぱり、一言《ひとこと》、宗教的権威《けんい》としては、言うべきことはあったのかなあとは思ってはいるんだけどね。
まあ、国王の権威に反対して、それで死刑《しけい》になるのは……、まあ、そのくらいのことは見通せないわけではなかったけどね。認めてもよかったのかもしれないけれども、頑固者だったんで。申し訳なかったかなあとは思うけどね。

質問者B　でも、ヘンリー八世は、そのあとも何回も離婚して、離婚した元王妃《おうひ》たちを処刑していっているので、ある種、狂気《きょうき》性のようなものはあったと思うのですけれども。

トマス・モア　「ロンドン塔《とう》の幽霊《ゆうれい》」も有名だからねえ。たくさん、次々と処刑するからね、言うことをきかないやつを。いわゆる「粛清《しゅくせい》」というやつ。まあ、専制君主ではあるわね。

質問者B　はい。

トマス・モア　そうした悪王が出ないように、「マグナ・カルタ（大憲章）」とかね、いろいろやって、牽制《けんせい》するようにしていて、まあ、「契約思想《けいやくしそう》」とかもあったんだろうけどね。「宗教的なもの」がね、「神の声」が直接聞こえるわけでないからねえ、それが難しくて。

「神の声の代理人」というのは、聖職者として、そういう修行《しゅぎょう》をしたりね、人から尊敬されるような人格を練り上げている方であることで、神の代わりの、代理としての意見を言えるということではあったわね。

質問者B　はい。

「ローマ教皇の承認を得るか、得ないか」の戦い

トマス・モア　ただ、まあ、「ローマから逃《のが》れる」というのは、ドイツでも起きたし、イギリスでも起きたということだから、それは……。

まあ、その後の大航海時代と軌《き》を一《いつ》にして、それぞれの帝国《ていこく》主義、植民地主義と、流れはね、各国の競争があったから。「みんな、ローマ教皇の承認を得てやる」というわけにはいかなくなってきたのは、そうだろうね。

今の中国だって、そうなんだろう？

質問者Ａ　そうですね。

トマス・モア　叙任権《じょにんけん》？　「司教の任命権が習近平《しゅうきんぺい》にあるか、ローマ教皇にある

か」で争ってるんだろう?

質問者A　はい。

トマス・モア　「習近平が任命した者を司教と認めるというなら、それを庇護《ひご》してもいい。ただ、ローマ教皇が認めた者しか司教でないというなら、こちらは認めない」と言われたら、中国国内じゃねえ、なかなか、それは迫害《はくがい》を受けるだろうね。

この戦いは、永遠に続くものではあるんですけどね。

「日本の天皇制も、ある意味での王権神授説《おうけんしんじゅせつ》だと思う」

質問者A　「王権神授説《おうけんしんじゅせつ》」もありますよね。「国王は神に選ばれた人だから」という思想ですが、一方では、悪王もやっぱり出やすいので。

トマス・モア　そう、そう。

質問者A　権力などがいろいろと集中するので、悪王も出やすいということで、民主主義も……。

トマス・モア　まあ、権力は、「三権分立」とかも出たしね、そういう憲章、憲法のもとみたいなものもね、必要になったし。

日本の天皇制だって、おそらく、「王権神授説」だと思うよ、ある意味でね。

質問者A　そうですね。

トマス・モア　そういう、「神様の資格を持っている人が天皇家に生まれる」と。だから、「代々、長子《ちょうし》相続制にしておけば、そこに生まれれば確実になれるから」「実力競争をやらせると、分からなくなるから」というようなことだったんじゃないかとは思うがなあ。

ヘンリー八世は国力を増したが「宗教的人格」ではなかった

質問者Ａ　モアさんから見て、ヘンリー八世という方は、どのように見えていましたか。

トマス・モア　うーん……。まあ、確かに、国王の権力が強くなるときは、国力が増す場合もあるからね。まあ、それは難しいところではあるんだけどねえ。

質問者A　いちおう、ヘンリー八世のときも、「六人のお妃《きさき》たちと次々と結婚をしたり、処刑もしたり」といった批判もある一方で、「国としては繁栄《はんえい》していく面もあった」ということは言われているようなんですが。

トマス・モア　うーん。今の英国の王室もね、今、何か問題にはなってるわな。

質問者A　そうですね。

トマス・モア　みんなが「神格」があるわけじゃないからね。

質問者A　そこの論点が、見ていても、難しい論点だなと思います。

トマス・モア　それに、国王より偉《えら》い人が、庶民《しょみん》にいないわけでもない。〝賢人《けんじん》〟は、やっぱり野《や》にいるんでねえ。在野《ざいや》に、街に隠《かく》れているものだからね。

質問者Ａ　ヘンリー八世は、宗教的な王様ではなかった……。

トマス・モア　うん。だから、「ローマの叙任権」を取るために、やむなく、自分のほうが「宗教的権威」にもなってしまったんでしょうけどね。
まあ、「宗教的人格」ではなかっただろうね。
ただ、何だろう、この世的な、何と言うか、王としての能力のうちにはね、「覇権《はけん》能力」というか、「他の国を侵略《しんりゃく》してでも、国を大きくするぞ」というような能力も、能力のうちではあろうからねえ。

そういう意味での、何て言うか、「英国を世界に、七つの海に広げたい」という気持ちは持っておったかもしらんね。

だから、「宗教の権威を借りて英国教会をつくることで、英連邦《えいれんぽう》を支配する」というか、「バチカンの支配に屈《くっ》しない、英連邦の支配によって完結させてしまおう」という発想自体は、この世的に見れば、頭は悪くはないだろうねえ。

質問者Ａ　でも、宗教的に見ると、やはり、「宗教や信仰《しんこう》を利用して、政治に生かしてやっていった」というところはある……。

日本の皇位継承《けいしょう》を男系男子に限っている理由とは

トマス・モア　日本だって、今はそれでね、明治天皇からあとはね、王権神授説的天皇が実権を持っていいかどうかで。結局、敗戦に陥《おちい》ったということで、その後が今ね、中途半端《ちゅうとはんぱ》で、まあ……、〝漂流《ひょうりゅう》〟してるわね。「飾《かざ》りとしてあってもいいが、積極的なものではない」というかなあ。

人間性を失われて、何と言うか、〝飾り〟として、内裏雛《だいりびな》的にいてはいいけれども、「自分の意見を言うなよ。政治的意見は言うなよ。勉強する場合には、自然科学とかそんなのを勉強して、政治に口を出すな。法律や政治をやるな」ということ。まあ、だいたい、そんな考えだわねえ。

いや、そういう飾りでいてくれる人であればいいがね、下手《へた》に能力が高かったり、野心がある人が入ると、それは難しいわねえ。

だから、まあ、男系男子と言っているが、確かに、女子が結婚して、民間の、要するに、能力のある男子を皇室に入れた場合は、野心が出てくる場合があるからね。権力を取りたくなってくることはあるからね。たいてい、それは、誰《だれ》から見ても文句《もんく》のつけられないような人を選ぶと、お飾りで入ってくるのは難しくなるからねえ。

そういう、〝知恵《ちえ》〟が今、戦っているところではあろうけどね。

まあ、日本もターニングポイント、イギリスもターニングポイント、タイなんかもターニングポイントに、全部入ってると思うよ。民主主義の理想で言うと、やっぱり、「元首でも、最大八年しかいられない」みたいな感じだからね。いやあ、難しいわね。

それで、「終身制の宗教」の場合は、「現世的な権力」を持たせないように、仕組みをつくっていってる感じになっていて。

まあ、「宗教の自由、信教の自由を認めても、宗教をいっぱいつくって、牽制し合うような感じで弱める」という感じのところが強くなってはいるわねえ。

質問者A　うーん。

トマス・モア　日本だって、仏教なり、他の新宗教なりであっても、「必ず、どこかの神社神道《しんとう》の、権威があるところのお墨付《すみつ》きがなければ成立しない」となったら、難しいわね。かなり難しくなるから。

その意味で、英国教会と国王の王権とが一体になることで、いや、「これで民主主義が発達する」というのは、なかなか、それは、途中で何人かの人たちが、そうとう苦労してつくり上げてきたものだろうとは思うよ。

2　王室や皇室の正当性について

「イギリスの繁栄《はんえい》・発展」は正しかったのか

質問者B　「ヘンリー八世の娘《むすめ》のエリザベス一世の時代に、イギリスが非常に繁《はん》栄《えい》した」と言われています。

イギリスには女帝《じょてい》が比較《ひかく》的多く、エリザベス一世やヴィクトリア女王は、ある程度、偉《えら》い人なのかなという感じもするのですけれども。

トマス・モア　それは、最終的には、呼んで聞いてみないと分からんだろうけどさ。

質問者B　そうですね。

トマス・モア　まあ、私が言うのは控《ひか》えるけど、「イギリスの発展が産業革命になって、その海軍力というか、海上輸送力が世界をつなぐことになって、グローバリズムの始まりになった」というなら、よい面もあったであろうとは思うけど、侵略《しんりゃく》的な面もあったわね。

例えば、インド人から見れば、百五十年間、「奴隷《どれい》」とは言わないけど、奴隷に近い労働者として搾取《さくしゅ》されていたわね。紅茶や綿花や、いろんなものをなあ。これで、彼らは貧しいままだったわな。

だから、そういう彼らも幸福にする気持ちがあればいいがなあ。逆に、香港《ホンコン》みたいなところは、「イギリスに支配されていたほうが幸福だった」みたいなところもあろうし、まあ、難しいわな。

「そのあとが、いいか悪いか」によって、違《ちが》うものは出てくるわなあ。

そういう意味では、日本も同じ問題は抱《かか》えている。韓国《かんこく》とか中国、北朝鮮《きたちょうせん》とかからは、日本時代の悪口を言われて、これが苦しいんで。要するに、宗教性を失わせる左翼《さよく》勢力の、何か根拠《こんきょ》になっているところはあるとは思うけどね。

まあ、なかなか難しいものですよ。

神様の権威《けんい》を失わせて、そして、この世的な人権弾圧《だんあつ》をもって、「悪《あ》しき国であった」ということで引っ繰《く》り返す。それで、国としての自尊心をなくす。そして、軍事力を取って無力化する。そういうことをやる国も出てくるから。

このへんは、ちょっと、宗教家としては限度を超《こ》えた、虚々実々《きょきょじつじつ》の駆《か》け引きになるからね。「何が正しいか」は、「歴史の結果」でしか見えないところはあるかもしれないね。

イギリスは「近代民主主義の始まり」にも関係がある

質問者Ａ　トマス・モア様は、「ユートピア論」でも有名だと思うのですけれども。

トマス・モア　はい。

質問者Ａ　今もずっと、「ユートピアとは何か」ということを、天上界《てんじょうかい》でもテーマにされているのでしょうか。

トマス・モア　うーん、だからね、要するに、社会の仕組みやシステムを、どういうふうにやれば、「最大多数の最大幸福」というかね、「長く続くような幸福な国がつくれるか」というようなことが、近代、すごく大事な論点だったからね。こういう天上界での議論には、いつも加わってはいたんでね。

まあ、私以外の人の力もあるけどさ。例えば、（ジョン・）ロックだとかね、そんなような人の力も入っているし、「近代民主主義の始まり」もイギリスには関係があるからね。

だから、専制君主も生まれたが、民主主義も生まれているし、もとはといえばマグナ・カルタで、「税金を取りすぎる王様、国民をいじめすぎる王様は許さない」「やっぱり、民《たみ》の承認が必要だ」という。それで王権神授説《おうけんしんじゅせつ》が成り立つには、やっぱり、「民を愛することが、神から『神授』されている条件だ」という考え方だわね。

だから、今の女王とかは、ある程度ね、愛されているような気は……、今の、現女王はね。だから、人柄《ひとがら》にもよるからね。

質問者A　そうですね。

王室や皇室も、民意が離《はな》れると「税金の無駄遣《むだづか》い」と言われる

トマス・モア　あんまり、経済的にこう、経済的権力が強すぎると、何て言うかなあ……、まあ、民意から離《はな》れて、庶民《しょみん》の気持ちが分からなくてね、貧しい人たちというか、病人とかかね、そういう者に対して厳しくなりすぎるところもあるし。

今の王室を離脱《りだつ》しようとしている王子と、アメリカのね、なんか……。

質問者A　メーガンさんですね。

トマス・モア　メーガン妃《ひ》かなんかと……。まあ、もう、妃でもなくなるのかな。

●王室を離脱しようと……　本霊言収録後、2020年3月31日にヘンリー王子とメーガン妃は、正式にイギリス王室を離脱した。

王室の人でなくなるのかなあ、もうすぐね。アメリカかカナダか、どこか知らないが、よそに逃《に》げて住むのかな?

質問者A　カナダに……。

質問者B　どうやら、「ロイヤル対応はしてほしいけれども、自由にしたい」という感じのようです。

質問者A　「少しわがままなのではないか」という声も、一部あるようです。

トマス・モア　まあ、日本でも、皇室はその気《け》がちょっと出てきているから。このへんは、民意が離れたときは、「税金の無駄遣《むだづか》い」と言われるからね。

質問者B　やはり、イギリス国民は怒《おこ》っているようですね。

質問者A　メーガン妃は元女優ということで、セレブのような雰囲気《ふんいき》のところも今まであったと思うのですが、その延長上の発想になっていて、「セレブリティとロイヤリティというものを、読み違えているのではないか」ということを……。

質問者B　「違いが分かっていない。ノーブレス・オブリージ（高い地位や身分に伴《ともな》う義務）が分かっていない」と言われていました。

トマス・モア　だから、もしね、ブレグジット、イギリスのＥＵからの離脱をやって、これ、もしかしたら、さらにアイルランドが分離し、さらに……。

質問者A　スコットランド？

トマス・モア　スコットランドまで独立し、とか、国がもう四分五裂《しぶんごれつ》になる可能性もあるから。

それで国力が落ちた場合は、やっぱり、「税金の無駄遣い」ということで、またしても「革命」のような感じになる可能性もないとは言えないんでね。別な人が統一したくなってくることもあるかもしれないから。今、危険なところにはあるわなあ。「神格性」が失われてくるとね。

だから、「神格性」のなかに……、近代では、要するに、民主主義時代では、「神に愛されている」ということの証明は難しいが、「民衆に愛されている」っていうことが裏打ちになっていることは多いので。「民衆から嫌《きら》われるということは、やっぱり、神様に愛されているとは言えない」という考え方があるんでね。

これで言うと、うーん……、まあ、「民主主義の原理と一致《いっち》できるかぎりでの、象徴《しょうちょう》的な存在」でしかありえないだろうね。

当時は、ヨーロッパの〝戦国時代〟だった

質問者B　日本の天皇制は、日本神道《しんとう》の流れで、天照大神《あまてらすおおみかみ》など、古代の神話の神様からの系譜《けいふ》があると言われているのですけれども、イギリスの王室というのは、どのような霊界《れいかい》というか、どのようなご指導の下《もと》に成り立っているのでしょうか。

トマス・モア　まあ、もちろん、「そういうところに生まれ変わってきたい」という人は、それは、過去に何か、そういう……。まったく関係のない人たちばかりは、生まれ変わってはきにくいだろうけどね。まあ、〝ご先祖様〟とかも多か

ろうとは思うけどね。

ただ、うーん……。まあ、それは、あとの後続の人たち、あとから続いてくる人たちが、全部、「悪」とも「善」とも言えないところはあるので、それは見てもらわなければいけないわね。

特に、今のエリザベスではない、私らのあとのエリザベス女王等はね、いちおう、「もしかしたら、最強の女王かもしれない」という見方もありましょうから。あのころはね、ヨーロッパは、もし、国が弱いとね、他国に滅《ほろ》ぼされてなくなっている可能性もあった。フランスでもイギリスでもね、ドイツでもね、みんなそうだから。

質問者Ａ　スペインも、無敵艦隊《かんたい》等を持っていた時代ですね？

トマス・モア　そう、そう。強かったときがあるから。いやあ、〝戦国時代〟だったわけですよ、ある種のね。

質問者Ａ　なるほど。強くないと逆にやられてしまうわけですね。

トマス・モア　そう、そう。弱ければやられてしまうところもあるから。「自分たちを弱める要因を外す」ということも、大事なところではあったがね。

質問者Ａ　お父様のヘンリー八世には、やはり、「世継《よつ》ぎは男の子にしたい」という名目というか、本心もあったと思います。

それで、英国国教会までつくって、離婚《りこん》等の諸々《もろもろ》を繰り返したにもかかわらず、結果だけを見ると、女性が跡《あと》を継いで、しかも、もしかしたら最強で、「イギリスのゴールデン・エイジを築いた」とも言われているぐらいの女帝が誕生したというのは、何かけっこう皮肉な……。

質問者B　エリザベス女王は確か、異母姉《いぼし》のメアリー一世の治世時に、一時期ロンドン塔に幽閉《ゆうへい》されていて、もう少しで処刑《しょけい》されるところまで行きそうだったんですよね。

質問者A　ヘンリー八世の最初の奥《おく》さんが生んだメアリー女王が、いったん王位に就《つ》いていたのですけれども、亡《な》くなってしまったので、エリザベス女王が次に王位に就いたわけですが、そこには何か、そもそも天上界の計画等があったのでしょうか。

トマス・モア　うーん……。

質問者Ｂ　メアリー一世はカトリック信者で、「お父様のヘンリー八世の路線から一転させたい」と思っていたのですけれども……。

質問者Ａ　逆の方向になったわけですね？

質問者Ｂ　そうです。メアリー一世はプロテスタントを弾圧して、「火あぶりの刑」などをたくさんやったので、「ブラッディ・メアリー」といわれて恐《おそ》れられていました。

質問者Ａ　「血のメアリー」。

質問者B　それに対して、エリザベス一世は、プロテスタントとカトリックの両方を取り込《こ》む中道《ちゅうどう》路線を取って、英国国教会を基盤《きばん》としながら、ある程度、柔軟《じゅうなん》な対応をすることで宗教問題を安定させたという実績があります。

トマス・モア　まあ、統治能力はあった方でしょうね。だから、これは別途《べっと》、ご本人の（霊言《れいげん》）は録《と》るべきだと思います。別の日にね、録るべきだとは思います。

日本の天皇の善悪も、個別に調べないと分からない

トマス・モア　まあ、日本の皇室だって、天皇でも、それは、「神様に近い格を持っておられる方」もあれば、「地獄《じごく》に堕《お》ちた方」もいらっしゃるんじゃないですかね。

だから、生まれる前の計画だけで全部いくわけではないので、実際に権力を持つ場に立ったときにね……。

質問者A　どう変わるかですね。

トマス・モア　どうなるかっていう。
あるいは、将軍家が権力を持っているときに、反乱を起こした天皇や上皇もいるわね。「その人たちが善なのか悪なのか」って、これは、個別に調べないと分からないところはあるわね。天皇に実権を戻《もど》させようとして反乱を起こして、やられた者もあるわね。
これは難しい問題です。

なぜ、トマス・モアはヘンリー八世の離婚《りこん》を認めなかったのか

質問者A　話が元に戻ってしまうのですけれども、最終的に、ヘンリー八世とトマス・モアさんは、具体的なところで言うと、やはり、離婚《りこん》問題のところでぶつかったということになるかと思います。

ヘンリー八世が「離婚」を言うに際しては、男子の跡継ぎ云々《うんぬん》というのは後付けで、もうすでにアン・ブーリンに夢中になっていて、浮気心《うわきごころ》のようなものもあって、離婚問題に発展したのではないかと読める部分もあります。

トマス・モアさんがそれだけ反対されたということは、やはり、見ていて、「離婚をする正当性のところが怪《あや》しい」と思われたからなのでしょうか。

トマス・モア　まあ、カトリックの教えがね、離婚を認めていなかったところが

あるので。それを修正する力がね、誰《だれ》ならあるかということですけど、「王権でもって、そのカトリックの教えのほうを変える」というのは、ちょっと厳しいものはあるのかなあと思われたんですけどね。

だから、まあ……、確かに、世継ぎの問題とかはね、一つの理由にはなるんですけどね。「世継ぎがいないので結婚したいけど、離婚ができない」とかいうことになったらね、殺したり、病死させたりすることだってあるしね。まあ、いろいろあるから。

質問者Ａ　昔ならありますね。

トマス・モア　そういうことも考えれば、それは、合法的に離婚できるような制度だってあってもいいのかもしれないけど、その考え自体は、例えば、「じゃあ、一般庶民《いっぱん》はどうなのか」という問題もあったからね。
「カトリックとしての、キリスト教会での考え方はどうすべきか」という問題はあったし、あと、中世以降も、法王とかはいちおう結婚できないことになっていたからね。だから、結婚できない人たちの判断は、基本的には、そういう〝乱れていく方向〟は嫌いなのは普通《ふつう》ですわね。

ヘンリー八世が男性の跡継《あとつ》ぎにこだわった理由

質問者A　しかも、当時のイギリスは、慣習的には、別に女性が跡継《あとつ》ぎになってもよかったらしく、おそらく、男性にこだわっていたのはヘンリー八世なのではないかと思います。

トマス・モア　まあ、それは、「武力がなければいけない」という気持ちはあったんだろうけどね、おそらくね。

質問者Ａ　そうですね。イギリスを取り巻くヨーロッパの情勢も含《ふく》めると、やはり、強い人が立ったほうがいいだろうと。

トマス・モア　エリザベスとかがね、外国の軍隊とねえ……。

質問者Ａ　戦えるとは思っていなかった。

トマス・モア　（軍隊を）指揮して戦うとまでは思えていなかったでしょうね、おそらくね。

まあ、このへんは、今にして思えば、王に立つような人がねえ、いろんな女性？　やっぱり、どうだろう、生物体としては、いちばん優秀《ゆうしゅう》な遺伝子を遺《のこ》したいという気持ちはあるんだろうとは思うけどね。だから、親が決めたりとか、いろんな事情で決まっていても、ほかに、自分としては理想と思う人が出てくることは、あってもおかしくはないけどね。うーん、まあ……。

3　トマス・モアの役割と思想の背景

トマス・モアとして生きていたときのミッションとは

質問者A　トマス・モア様としては、トマス・モアとして生きられた時代のミッションというか、役割というのは何だったとお考えになりますか。

トマス・モア　いや、私は私で、「思想家」ではあったんでね。その「王権」って、実質上の権力を持ってる人が、すべての判断をできるわけじゃないから。だんだん、いろんな分野の専門家がね、思想家が出てきたりしてね、政治システムを考えるようになってきたし、政教分離《ぶんり》の考えなんかも出てはきたところもあるんだとは思うけどね。

ただ、「ユートピア思想」が、その後、次々といっぱい出てくるんでね、その「発祥源《はっしょうげん》」「発信源」にはなってはいるわね。

それは、古く言えば、アウグスチヌスの『神の国』の思想を、もう一回、「近代国家のなかで、どういう姿が神の国になるか」ということではあるわね。

国王として強い国をつくろうとすれば、徴税権《ちょうぜい》を確立して、税金をたくさん取って、もちろん、国を富ませればそれでいいです。「富まして税金を増やして、軍隊を強くして、外国と戦えて、よしんば占領《せんりょう》して、そっちからも税金を取る、あるいは貢《みつ》ぎ物を取るようになって」という考えは、王としては持つだろうけどね。

ただ、「ユートピア論」としてはどうか。

例えば、アダム・スミス的な「自由貿易により富む」という考え方もあるから、これは、国王的な発想による、「戦争にだけ勝てば財産を取れる」というような考えとは違《ちが》ったものだよね。

質問者B　はい。

トマス・モア　そういうものも出てきたよね、近代ではね。

もう一つは、やっぱり、「法制度と裁判」、まあ、「司法や行政、立法」なんかのチェックが利《き》くようになったりとかね。あるいは、「選挙で民意を問う」とかいうシステムとかね。こういうものは、いろんな努力の結果、できてきたものではあるんでね。

たとえ、今のトランプ・アメリカ大統領のような、独裁的な傾向《けいこう》を持った人であっても、最大任期は八年、二期で八年ですからね。だから、殺さなくても引退はしてくれることになってるからねえ。

そういう意味では、「民主主義」っていうのは、血が流れる可能性は少なくて済むわね。銃弾《じゅうだん》、もしくは、何と言うか、刀で斬《き》り合う代わりに、「投票でクビを切る、取る」ということではあったから。あるいは、多少、お金が動いたりした時代もあるけどね。やや平和的な考え方ではあると思う。

まあ、このようないろんな考えがいっぱい出てきましたが、その座長《ざちょう》的な感じで、私は天上界《てんじょうかい》でもいたということですね。

この世にいたときは、「宗教や、そうした国の法のあり方について、高潔な人格者として、国を諫《いさ》める立場にあった」というのが、私の仕事でしょうかねえ。

イギリスは、大陸の「神聖ローマ帝国《ていこく》」と考えが違《ちが》っていた

質問者A　浅い勉強で申し訳ないのですけれども、確か、ヘンリー八世の離婚《りこん》の

ころには、すでに「ユートピア論」などを出されていて、思想家としても著名になられていたと思います。

おそらく、国王としては、「そのトマス・モアさんが離婚に『うん』と言ってくれたら、『そういう権威《けんい》ある人も賛同している』という理由で、ローマ教皇に対する説得力も増す」と考え、トマス・モアさんにも認めてほしいというオーダーが行ったのだと思うのですが。

トマス・モア　そうだし、また、イタリアとかスペインとかポルトガルとかね、そういうところが、力がまだまだある時代ではあったからね。これがまた、イギリスやフランスや、オランダなんかとね、大航海時代のなかでの覇権《はけん》戦争と、あと商業の競争が同時に起きてた時代だからね。

「どういうかたちで、この国威を高めるか」ということは大事なことで。「思想家が、そういうふうに応援《おうえん》してくれれば」っていう気持ちもあったんだとは思うけどね。

まあ、ルターのところだって一緒《いっしょ》だよね。私よりちょっとあとなのかな。あれだって破門されてね、許しを乞《こ》いに行ったりもしてるからねえ。結局は、国を挙《あ》げての新教になってるから、流れとしてはあったのかもしれないけどね。

質問者A　「宗教」と「政治」の両方をまたがって考えられる……。

トマス・モア　だから、ローマの宗教圏《けん》と政治圏が相まって、神聖ローマ帝国《ていこく》みたいなのが、けっこう長く覆《おお》ってはいたんだよね。ヨーロッパ南部を中心に、ドイツ圏あたりまでね。

その権力が、まあ、今のEUだよ。やっぱり、イギリスのところを神聖ローマ帝国で押《お》さえるのは、あの当時は難しかった。島国で海があるからね。

質問者A　はい。

トマス・モア　今も、だから、イギリスとEUが離《はな》れようとしてるけど、いや、それは思想的にそういうことなのよ。EUは〝神聖ローマ帝国〟ですよ。

質問者A　ああ。

トマス・モア　そういう意味で、一体化してましたからね。力が持てるけど、やっぱり、大陸とはちょっと考えが違《ちが》うところは、イギリスはあったんでね。

七つの海を支配したイギリスには、大きな神の力が働いていた

トマス・モア　ある意味では、あんな小さな国がね、日本の三分の二しか国土のない国が、七つの海を支配するっていうのは、大きな神の力が働かなければ、なかったでしょうからね。

質問者A　それはイエス様の力でしょうか。

トマス・モア　イエスではなさそうだね。たぶんね。

質問者B　「どちらかというと、レプタリアン系の力が働いたのではないか」という話もありましたけれども。

●レプタリアン系の力が……　『「宇宙の法」入門』（幸福の科学出版刊）に収録されているアダムスキーの霊言では、大航海時代のイギリスには、侵略性の強いレプタリアン系の宇宙人の影響があったことが述べられている。

質問者Ａ　そう言われることもありますよね。

トマス・モア　うーん、まあ、これはもうちょっと調べていただかないと分かりませんが、私なんかは、「もともとオーディンからヘルメスに譲《ゆず》られた力が来た部分も、一部あったかな」とは思っておりますけどね。

トマス・モアのユートピア思想の背景にあるもの

質問者Ａ　では、トマス・モアさんの「ユートピア」の発想の源《みなもと》は、どこから来ているのでしょうか。どういう世界のイメージなのでしょうか。

トマス・モア　うーん……。いちおう「哲人《てつじん》は要《い》る」と思っていたんですけどね。

哲学者っていうか、賢人《けんじん》はね。
ただ、「なるべくなら、民《たみ》は平等に扱《あつか》いたい」という気持ちは持っていたので、その意味では、意外に「仏教的なもの」も入っているんですよ、背景にはね。
仏教の、何て言うか、「カーストを無視して、人は行動において判定される」という考えは、極《きわ》めて民主主義的だと私は思いますけどね。

質問者Ａ　短い用語でまとめられた場合、そのユートピア思想のなかには、「少し共産主義系の思想も入っている」と言われることもあると思うのですが、いわゆる共産主義的な、「万人《ばんにん》は平等で、どのような労働をしても平等」という発想とは、ちょっと違っているということですか。

トマス・モア　まあ、一部の人たちがね、貴族と王権を持っている人たちが搾取《さくしゅ》するという感じは、やっぱり、あったことはあったので。マルクスが出たのは悪く言われてはいるが、その傾向はあったんですよ。だから、やっぱり、「平等を目指しておかないといけない」という気持ちはあったし、その考えは、実はキリスト教にも、イスラム教にも、仏教にも流れてはいたと思うんですよ。

仏教にも親和性があり、近代的な「自助論」とも一致《いっち》する

質問者Ａ　「魂《たましい》において平等であり、個人の努力によって人生を切り拓《ひら》いていけるようにするべきだ」というような発想に近いのでしょうか。

トマス・モア　そうですね。だから、意外に、私の考えは仏教にも親和性はあってね。仏教には、「仏性《ぶっしょう》があって、〝ダイヤモンド〟を磨《みが》けばみんな光る」という

考えがあるけど、それは近代的な「自助論」とも一致《いっち》する考えですよね。

産業革命期のイギリスの繁栄《はんえい》は、実は仏教的なものですよ。

質問者A　サミュエル・スマイルズさんとのご関係は？

トマス・モア　うーん。まあ、直接ではないが、仲間ですよね、やっぱりね。

質問者A　ああ。

トマス・モア　いや、神のご計画はいろいろあって難しいんですけど、文明実験はたくさんされていたと思います。

質問者Ａ　トマス・モア様のユートピア思想は、「サミュエル・スマイルズの自助論」にも、ある意味では通じると。

トマス・モア　そうそう。いや、やっぱり、全部を凡人《ぼんじん》だけでやるのは無理だとは思うんですよ。やっぱり、「賢人ないし聖者は必要だ」とは思っていましたけど。王権だけに委《ゆだ》ねると、「権力と軍隊」「徴税権と軍隊」でもって略奪《りゃくだつ》型経済をつくりやすいし、民が苦しめられることも多いから、やっぱり、「それには制度的に歯止めが何か要る」という考えはありましたよね。

だから、今で言えば、「必ず野党やマスコミによる批判が要る」という考えですよね。

質問者Ａ　なるほど。

トマス・モア　だから、私の考えは、権力分立や、与党《よとう》と野党がある議会や、マスコミによる批判等も受けて、庶民《しょみん》をいじめすぎないような、そういう政治のあり方ですよね。

そして、「なるべくなら底上げをしたい」という気持ちはありましたね。

いや、それはねえ、本当に、いろんな時代に、いろんな実験をやってきたんですけどね。

トマス・モアが霊界《れいかい》で交流している人たち

質問者Ａ　トマス・モア様は、今、霊界《れいかい》では、どのような方々と交流がありますか。

トマス・モア　うーん、だから、サミュエル・スマイルズとか、福沢諭吉《ふくざわゆきち》さんとか、聖徳太子《しょうとくたいし》さんとか……。

質問者B　そうですか。

トマス・モア　リンカンさんとか、こんな方とは付き合いはありますよ。

質問者B　ワールドワイドですね。

トマス・モア　うん。ありますし、古い方であれば、ヘルメスさんとか、仏陀《ぶっだ》とかから、やっぱり……。

質問者A　ご指導が？

トマス・モア　教えを受けることもありますし、その意を体して仕事をすることもございますからねえ。

質問者A　福沢諭吉先生は、「いちおう信仰心《しんこうしん》はある」ということでいいでしょうか。

トマス・モア　うーん……。まあ、「知は力なり」的なものですけどねえ。

質問者A　では、ベンジャミン・フランクリンさんとか……。

トマス・モア　ああ、ベンジャミン・フランクリンなんかも、それは、よく知ってはいますけどねえ。

人口が増えていきましたからね。増えていく人口のなかで、富をつくり出さないと生きていけない。食料もつくり出さなきゃいけないし、交通の便もよくしなきゃいけないし、「世界が変わっていくなかで、どうやっていくか」ということは、もう、一人の力では無理で、大勢の知恵《ちえ》が必要ですからね。

まあ、時代が変われば、違ったものも必要にはなりますかねえ。

4　イギリスとEUの状況《じょうきょう》をどう見るか

「日英米」はEUや中国、ロシアと牽制《けんせい》し合う関係になる

質問者B　トマス・モアさんから見て、今のイギリスは、どのような状況《じょうきょう》に見えますか。

トマス・モア　うーん。とりあえずは、大変でしょうねえ。EUとの間で関税が発生したり、会社がねえ、税金によって、あっちに行ったり、こっちに行ったりするかもしれないし。国内がまとまるかどうかねえ、ジョンソン氏の手腕《しゅわん》が見られるところだろうし。

おそらく、アメリカはイギリスと、もうちょっと緊密《きんみつ》にしなければいけなくなるから、英米関係はよくなる。もっと強化されるのは確実ですね。

だから、英米と日本との結びつきも、たぶん強くなると思う。「日英米」がトライアングルでしょうね。これが、EU、あるいは中国、ロシアと牽制《けんせい》し合う関係のトライアングルに、たぶんなるでしょうね。

ヨーロッパにはヨーロッパの難しい問題があってね、内陸部とイギリスとは必ずしも一緒《いっしょ》にはいかないところがある。日本も一緒だけど、小さくとも世界の覇《は》権《けん》に入《はい》れるような国民っていうのは数少ないからね。

だから、イギリスには勤勉性が必要だし、日本にも勤勉性が必要だし、アメリカもそうですからね。

今のヨーロッパのほうは、どちらかというと社会福祉《ふくし》的な考えが強くて、「バラマキの思想」ですね。儲《もう》かっているところから、ばら撒《ま》こうとするからね。税金をばら撒いて自分のところの底上げをしようとするから、イギリスとかが嫌《いや》がって、出たがっているんですよね。

だから、次はドイツやフランスが嫌がるに決まってるから。取られるから、たぶん。

自由主義的な「自助努力の精神」が失われつつあるEU

質問者A　では、トマス・モアさんから見ても、イギリスがEUを離脱《りだつ》したのはしかたがないという……。

トマス・モア　いや、分かりませんが、「長い歴史から見れば当然かな」と。主権を捨て、ポンドを捨ててまで、やらなければいけないほどのことは……。

ベルギーあたりでヨーロッパを統治されて、〝神聖ローマ帝国《ていこく》の復活〟ですから。

あるいは、神聖ローマ帝国以後は、あれはヒットラーが目指した「ヨーロッパの統一」でしょう？

質問者A　うーん。

トマス・モア　ナポレオンも目指したわね。ナポレオン、ヒットラーが失敗したことをやったんだろうが、カントの「理性による支配」でまとめようとしたけど、結局、それは共産主義国に極《きわ》めて近い、旧ソ連の共産主義衛星国にだんだん近づいていく感じはあるわね。

それはなぜかっていうと、自由主義的な「自助努力の精神」がだんだん失われていきつつある。

要するに、先進国から吸収する、〝血を吸う〟ために入ってくる国がいっぱい増えてきたからね。だから、一緒にはいかない。同じくEUに入りながら、国力に差があれば、たいてい、〝上から下が抜《ぬ》いてくる〟かたちになるわね。

そうすると、やっぱり、「不当だ」と思う人たちが出てくるし、やる気がなくなってくるわね。

だから、「一つのEU」に亀裂《きれつ》が入ってくる。もう、ドイツとフランスが、次はきつくなってくるからね。

質問者A　そうですね。

トマス・モア　うん。ベルギーなんかに支配されなきゃいけない理由はありませんからね。

ちょっと「大きな政府」になっていますから、これは。

おそらく、本当は、アメリカに対抗《たいこう》し、日本に対抗するためのＥＵだったんだろうと思いますが、その意味合いがかなり薄《うす》れてはきましたね。あとは「ロシアに対抗する」っていうことでしょう。「ロシアから身を護《まも》るためのＥＵ」であったはずですけどねえ。

あとは、イスラム圏《けん》まで入ってこようとして、今、苦しんでるところだね。

5　トマス・モアの転生《てんしょう》について

現在、あの世界的経営者に生まれ変わっている?

質問者A　トマス・モア様は、その後、転生《てんしょう》はなされているのでしょうか。

トマス・モア　まあ、あるわねえ。それはある、うん。

質問者A　例えば……。

トマス・モア　例えば?

質問者A　（笑）お訊《き》きしてよろしいでしょうか。

トマス・モア　いやあ、だいぶ時代が変わりましたからねえ、同じような仕事があるわけではないんでねえ。

うーん……。うーん……。例えば……、「ビル・ゲイツみたいなのに生まれ変わってる」と言ったら、どうします？

質問者A・B　ええっ!?

質問者A　それは、けっこう予想外な……。

質問者B　本当ですか？　それは、「ものすごく経営手腕《しゅわん》もある」ということではないですか。

質問者A　でも、確かに、お聴《き》きしていると、特定の分野ではなくて、「どうあるべきか」という……。

ビル・ゲイツとして生まれているんですか？

トマス・モア　さあ？　ビル・ゲイツに訊いてもらわないと分かりませんがねえ。

質問者A　また、この「マジで？」を繰《く》り返して言ってはいけないんですけれども、本当に……。

トマス・モア　まあ、そんな仕事をするかもしれませんね。

質問者Ｂ　ビル・ゲイツ氏は慈善《じぜん》事業なども、積極的にされていますものね。

質問者Ａ　すごい。

トマス・モア　ええ。だから、時代が違《ちが》うからねえ。

質問者Ａ　ああ！　その「ユートピアの思想」から……。

質問者Ｂ　ああ、世界を「ユートピアにした」という。

トマス・モア　でしょう?
「人々に雇用《こよう》と利便性を与《あた》えて、豊かにして、福祉《ふくし》思想も、ある程度やって」と。そういう「富の創出」と「富の配分」と、それから、「未来社会をつくるユートピアとは何か」を考えると、ああいう職業も、ありえることはありえますわね。

質問者A　ビル・ゲイツ……。なるほど。

コンピュータ系の人たちが見落としている世界がある

質問者A　ビル・ゲイツさんは、今、まだ生きていらっしゃいますよね。

トマス・モア　まだ生きていますね。大川総裁と年はそんなに変わらないはずですよね。

質問者A　へええ。

トマス・モア　ただ、現役《げんえき》はもう引退されているから、福祉財団、ビル・ゲイツ財団で、世界のいろんなところの恵《めぐ》まれない人たちに、病院を建てたり学校を建てたりするようなことがほとんどですよね。

質問者A　なるほど、確かに。

トマス・モア　だから、ある意味でのユートピアを彼なりに考えているし、そんなに完全な唯物論《ゆいぶつろん》人間ではないことはね……。

インドなんかに行ってもね、「街から二キロも離《はな》れたら、そんなコンピュータなんかまったく関係ない世界が広がっているんだ」と。「そこでは、必要なのは清潔な水であったり、食料であったりするんだ」っていうこと？　そういうことを見落としている、コンピュータをやっている人たちがいっぱいいると。

コンピュータさえあれば、世界のすべてを……。まあ、ザッカーバーグのようなね、ああいうフェイスブックの人たちは、「コンピュータに全部つなぎさえすれば、世界はもう完結する」と思っているけど、そんなことはないんだと。「まだ、井戸《いど》に水を汲《く》みに行っている人たちがいっぱいいるんだ」っていうこと？「牛と共に寝《ね》ている人たちがいっぱいいるので、それで解決していない」っていうのを言っていますわねえ。

質問者Ａ　いやあ……。なるほど。

トマス・モアの過去世《かこぜ》での仕事とは

トマス・モア　だから、〝仕事は変わる〟んですよ。

質問者A　でも、かっこいいですね。

トマス・モア　時代が変わればね、まあ、そんなような仕事は「古代」に持ってきたらね、ビル・ゲイツみたいな仕事は「古代」に持ってきたら、それはローマのアッピア街道《かいどう》をつくったりするような仕事に変わったりするわけですよ、例えばね。「すべての道はローマに通ず」。そうした、道路を整備するような仕事とかね、こんなのに変わってくるんですよね。

質問者A　そういうこともされたのですか。

トマス・モア　まあ、そういう経験はありますね。いろんな経験はありますけどね。

質問者B　かなり大きな幅《はば》のある魂《たましい》ということですね。

トマス・モア　ええ、だから、ある程度の影響力《えいきょうりょく》はあるというか、何て言うかねえ、「大きな、思想的な基盤《きばん》をつくろうとする傾向《けいこう》」は持ってはいますよ。

質問者A　なるほど。

ちなみに、処刑《しょけい》されたあとは、そのままスッと天上界《てんじょうかい》に上がっていかれたのでしょうか。

トマス・モア　いや、私は天国へそのまま行っていますよ。

質問者Ａ　そのまま行かれたのですね。なるほど。

トマス・モア　あまり私がやると、王様（ヘンリー八世）が出る暇《ひま》がなくなるね。

質問者Ａ　王様を呼ぶのは、今日ではなくてもいいかもしれません。

トマス・モア　いいですか。

質問者A・B　（笑）

トマス・モア　気分が変わる……。

質問者A　あちらはあちらで、ある意味〝ビッグ〟と言えばビッグでしょうから。

トマス・モア　そうでしょうね。弁明があるでしょうね。

一万人が学んだ「ナーランダ学院」の仕組みづくりにも協力

トマス・モア　まあ、そんなような仕事で。

ああ、経済的なほうでの友達といえば、それは日本だったら、大仏をつくった行基《ぎょうき》さんとかね、そういうような方も、経済的にはお友達ではありますけどね。

質問者Ａ　信仰《しんこう》においていちばん深くつながっている神様は、仕事によって変わるのでしょうか。

トマス・モア　私はヘルメス様とかトス様……。ああ、でも、仏陀《ぶっだ》もつながっていますけどね。

質問者Ａ　そうなんですね。では、仏教のほうでも地上に出られたことはありますか。

トマス・モア　うーん、まあ、仏教も……、初期の仏教ではちょっと厳しいものはありましたけどねえ。

ただ、うーん……、仏教も広がっていくときには、いろんな仕事が発生はしましたからね。

まあ、「ナーランダ学院」とかをつくっていくときとか、そういう仕組みをつくるときなんかは、私なんかも協力はしましたがね。一万人もの僧侶《そうりょ》が勉強できるようなシステムをつくるというのは、けっこう大変でしたが。大学ですからね、昔のね。

質問者A　聖徳太子《しょうとくたいし》様などは、魂のきょうだいではなく、普通《ふつう》に友達として会うのでしょうか。

トマス・モア　うーん、まあ、話としては合いますねえ、ちゃんと。

質問者A　そうなんですね。

トマス・モア　だから、けっこうグローバルにやっているつもりではいるんですけどね、ええ。

質問者A　分かりました。

霊界《れいかい》でのヘンリー八世との交流について

トマス・モア　まあ、これからイギリスの魂をいっぱいインタビューして、もうちょっと資料を増やしたほうがいいでしょうね。

質問者A　ヘンリー八世とは、その後、霊界《れいかい》では特に……。

質問者B　会いましたか。会っていませんか。

質問者A　あちらも年数はたっているので……。

トマス・モア　何て言いますかね。フフ（笑）。

質問者A　特に会ったりはしていないですか。

トマス・モア　まあ……（ため息）。

質問者A　会わないですよね（笑）。

質問者B　（笑）

トマス・モア　（笑）まあ、五百年ぐらいじゃあねえ、そんな簡単に、〝すっきり〟はしていないかもしれないがね。

質問者A　そうか、まだ五百年ですね。それほど昔でもないですね。分かりました。

トマス・モア　まあ、でも、別の秘密はあるかもしれませんから。調べてみたらいいんじゃないかなあ。

質問者A　ありがとうございます。

トマス・モア　長くなっちゃったから、（今日の霊言《れいげん》は）私だけで終わりですかね。

質問者A　トマス・モア様だけでも大きいので。

トマス・モア　イギリス向けの話にはなるかな。

質問者B　はい。

6　イギリスと世界へのメッセージ

「今後、日英米が緊密《きんみつ》になる」と予言

質問者A　最後に、イギリスの方に何かメッセージを頂けますか。

トマス・モア　ああ……。

「もう一段の繁栄《はんえい》」をつくるように頑張《がんば》りましょうね。

「EUから離脱《りだつ》して、貧しくなって孤立《こりつ》するんじゃないか」という不安でいっぱいだろうと思うし、「国内も、内乱と分断の時代が来るんじゃないか」という恐怖《きょうふ》はいっぱいだろうと思いますけどね。まあ、現状維持《いじ》が必ずしもいいわけで

はありませんので。

そのなかに、イギリスの誇《ほこ》りもまた出てくるだろうし、また産業革命期のような新しい力が出てくるかもしれませんからね。

ただ、「日英米が緊密《きんみつ》になること」だけは、ほぼ確かなこととして予言できると思います。

あと、ロシアがどうなるかが、ちょっとここが今、まだはっきりしていないところですけどね。

まあ、香港《ホンコン》問題もあって、イギリスの、ある意味でのいいところも出てきたのでね。日本とイギリス、アメリカが組んでいるときが、世界は平和かもしれませんね。

質問者Ａ　分かりました。

「中国のＡＩによる統制を破《やぶ》る方法」をつくる必要がある

トマス・モア　まあ、ここは大きな大きなものがあるし、ビル・ゲイツ的に考えても、中国の体制は、本当はインターネットで壊《こわ》せるはずだったのに、逆に、人民の支配に使われているから、〝これを破《やぶ》る方法〟を今、考えなければいけないことになるでしょうね。どうやったら、中国の独裁から庶民《しょみん》を解放できるか。

質問者Ａ　確かに、「解放」ではなくて、今度はインターネットを使っての「統制」になっていますから。監視《かんし》統制。

トマス・モア　そう。ＡＩを使って国民を監視するシステムにされているから、これをまた破る方法をつくらなければいけないなと、今は思っています。

本来、「彼らに自由を与《あた》えるための道具」なんでね。これが、政権の側がそれを使って隅々《すみずみ》まで把握《はあく》するというようになっていますからね。これを破る方法を今、つくって……。〝ワクチン〟ですね。〝対抗《たいこう》ワクチン〟をつくらなければいけないなと思っているので、今、考えているところです。

質問者A　分かりました。

トマス・モア　まあ、イギリスもまだ繁栄はあるから、頑張ってほしいと思っています。

質問者A　はい。まことにありがとうございました。

質問者B　ありがとうございました。

トマス・モア　はい（手を二回叩《たた》く）。

あとがき

「ユートピア」は数多くの人が考えて来た理想であった。そしてその多くは失敗の山といってよい。カール・マルクスの「共産主義」も、旧約聖書に出てくる「千年王国」の理想を、「神抜き」で実現しようとしたのだろう。しかし、たとえ、プロレタリアート（労働者）独裁が成り立っても、頂点には必ず、王に変わるべき独裁者が出てくる。ナチス・ドイツのヒトラーは六百万人のユダヤ人を虐殺《ぎゃくさつ》したが、ロシア共産主義革命以後、レーニン、スターリンらの粛清《しゅくせい》は二千万人を超え、毛沢東の共産主義革命では、六千五百万人は殺されている。今も僧侶の抗議焼身《しょうしん》自殺が続くチベットでは宗教・文化・風習・言語・領土を奪いつくされ、事情はウイグル、南モンゴルでも同じである。香港でも共産主義という名の全体主義、完成されたナチズムと民主主義の戦いが続いている。

私は、ビル・ゲイツ的な騎士道精神を肯定する。しかし、共産主義や、それにかわるものとしての、「社会福祉」「格差是正《かくさぜせい》」論が、単なる集合嫉妬《しっと》による社会的制裁、弾圧、収奪になるなら、賛成できない。

各人に仏性《ぶっしょう》、神性《しんせい》があって、チャンスの平等が与えられ続けることは大切だ。最低限度の健康で文化的生存権が認められることも大事だ。

しかし、絶対権力は絶対に腐敗する。だから、苦しくとも、厳しくとも、「民主」「自由」「信仰」を大切にしていく社会をつくり続けることが大事だ。そして、神への信仰、信仰の優位が認められるべきだと思う。ごうまんな殺人マシーンを生まないためにも、エリーティズムの上に、神がいなければなるまい。

本書が、本来のユートピアとは何かを考えるきっかけになれば幸いである。

二〇二〇年　七月二十日

幸福《こうふく》の科学《かがく》グループ創始者兼総裁《そうししゃけんそうさい》　大川隆法《おおかわりゅうほう》

『トマス・モアのユートピアの未来』関連書籍

『大川隆法 思想の源流』（大川隆法 著　幸福の科学出版刊）

『人の温もりの経済学』（同右）

『最大幸福社会の実現――天照大神の緊急神示――』（同右）

『「宇宙の法」入門』（同右）

『サミュエル・スマイルズ「現代的自助論」のヒント』（同右）

『渡部昇一「天国での知的生活」と「自助論」を語る』（同右）

『守護霊霊言　習近平の弁明』（同右）

『ローマ教皇フランシスコ守護霊の霊言』（同右）

トマス・モアのユートピアの未来《みらい》

2020年 7 月 31 日　初版第 1 刷

著　者　　大《おお》川《かわ》隆《りゅう》法《ほう》

発行所　　幸福の科学出版株式会社

〒107-0052 東京都港区赤坂 2 丁目 10 番 8 号
TEL(03)5573-7700
https://www.irhpress.co.jp/

印刷・製本　株式会社 堀内印刷所

落丁・乱丁本はおとりかえいたします

ISBN978-4-8233-0152-0 C0014

大川隆法ベストセラーズ・神仏の願う繁栄の未来へ

人の温もりの経済学

アフターコロナのあるべき姿

世界の「自由」を護り、「経済」を再稼働させるために──。コロナ禍で蔓延する全体主義の危険性に警鐘を鳴らし、「知恵のある自助論」の必要性を説く。

1,500円

P. F. ドラッカー「未来社会の指針を語る」

時代が要請する「危機のリーダー」とは？ 世界恐慌も経験した「マネジメントの父」ドラッカーが語る、「日本再浮上への提言」と「世界を救う処方箋」。

1,500円

新しき繁栄の時代へ

地球にゴールデン・エイジを実現せよ

アメリカとイランの対立、中国と香港・台湾の激突、地球温暖化問題、国家社会主義化する日本──。混沌化する国際情勢のなかで、世界のあるべき姿を示す。

1,500円

自由・民主・信仰の世界

日本と世界の未来ビジョン

国民が幸福であり続けるために──。未来を拓くための視点から、日米台の関係強化や北朝鮮問題、日露平和条約などについて、正論を説いた啓蒙の一冊！

1,500円

※表示価格は本体価格（税別）です。

大川隆法霊言シリーズ・キリスト教の真実に迫る

イエス・キリストは コロナ・パンデミックを こう考える

中国発の新型コロナウィルス感染がキリスト教国で拡大している理由とは？ 天上界のイエスが、世界的な猛威への見解と「真実の救済」とは何かを語る。

1,400円

ローマ教皇 フランシスコ守護霊の霊言
コロナ・パンデミックによるバチカンの苦悶を語る

世界で新型コロナ感染が猛威を振るうなか、バチカンの最高指導者の本心に迫る。救済力の限界への苦悩や、イエス・キリストとの見解の相違が明らかに。

1,400円

公開霊言 ルターの語る「新しき宗教改革のビジョン」

キリスト教史を変えた「宗教改革」から500年。天上界のルターは、何を考えているのか。紛争の絶えない世界を救う、宗教のあるべき姿を語る。

1,400円

福音書のヨハネ イエスを語る

イエスが最も愛した弟子と言われる「福音書のヨハネ」が、2000年の時を経て、イエスの「奇跡」「十字架」「復活」の真相を解き明かす。

1,400円

大川隆法 霊言シリーズ・自助努力の精神を学ぶ

サミュエル・スマイルズ「現代的自助論」のヒント

補助金のバラマキや働き方改革、中国依存の経済は、国家の衰退を招く——。今こそ「自助努力の精神」が必要なときである。世界の没落を防ぐ力がここに。

1,400円

現代の自助論を求めて

サミュエル・スマイルズの霊言

自助努力の精神を失った国に発展はない！『自助論』の著者・スマイルズ自身が、成功論の本質や、「セルフ・ヘルプ」の現代的意義を語る。

1,500円

ジェームズ・アレンの霊言 幸福と成功について

英語霊言 英日対訳

本当の豊かさとは？ そして人生を変える「思いの力」とは？ 世界に影響を与えた自己啓発の名著『原因と結果の法則』に秘められた真意が明かされる。

1,400円

渡部昇一「天国での知的生活」と「自助論」を語る

未来を拓く鍵は「自助論」にあり——。霊界での知的生活の様子や、地上のコロナ禍に対する処方箋など、さまざまな問題に"霊界評論家"渡部昇一が答える。

1,400円

※表示価格は本体価格（税別）です。

大川隆法シリーズ・最新刊

地獄に堕ちた場合の心得

「あの世」に還る前に知っておくべき智慧

身近に潜む、地獄へ通じる考え方とは？地獄に堕ちないため、また、万一、地獄に堕ちたときの「救いの命綱」となる一冊。〈付録〉中村元・渡辺照宏の霊言

1,500円

大川隆法 思想の源流

ハンナ・アレントと「自由の創設」

ハンナ・アレントが提唱した「自由の創設」とは？「大川隆法の政治哲学の源流」が、ここに明かされる。著者が東京大学在学時に執筆した論文を特別収録。

1,800円

「呪い返し」の戦い方

あなたの身を護る予防法と対処法

あなたの人生にも「呪い」は影響している――。リアルな実例を交えつつ、その発生原因から具体的な対策まで解き明かす。運勢を好転させる智慧がここに。

1,500円

真説・八正道

自己変革のすすめ

「現代的悟りの方法論」の集大成とも言える原著に、仏教的な要点解説を加筆して新装復刻。混迷の時代において、新しい自分に出会い、未来を拓く一冊。

1,700円

すべてを捨て、ただ一人往く。
夜明けを信じて。
製作総指揮・原作 大川隆法
10.16
Roadshow
田中宏明 千眼美子 長谷川奈央 並樹史朗 窪塚俊介 芳本美代子 芦川よしみ 石橋保
監督／赤羽博 音楽／水澤有一 脚本／大川咲也加 製作／幸福の科学出版 製作協力／ARI Production ニュースター・プロダクション
制作プロダクション／ジャンゴフィルム 配給／日活 配給協力／東京テアトル ©2020 IRH Press
https://yoake-shinjite.jp/

幸福の科学グループのご案内

宗教、教育、政治、出版などの活動を通じて、地球的ユートピアの実現を目指しています。

幸福の科学

一九八六年に立宗。信仰の対象は、地球系霊団の最高大霊、主エル・カンターレ。世界百カ国以上の国々に信者を持ち、全人類救済という尊い使命のもと、信者は、「愛」と「悟り」と「ユートピア建設」の教えの実践、伝道に励んでいます。

（二〇二〇年七月現在）

愛

幸福の科学の「愛」とは、与える愛です。これは、仏教の慈悲《じひ》や布施《ふせ》の精神と同じことです。信者は、仏法真理をお伝えすることを通して、多くの方に幸福な人生を送っていただくための活動に励んでいます。

悟り

「悟り」とは、自らが仏の子であることを知るということです。教学《きょうがく》や精神統一によって心を磨き、智慧《ちえ》を得て悩みを解決すると共に、天使・菩薩《ぼさつ》の境地を目指し、より多くの人を救える力を身につけていきます。

ユートピア建設

私たち人間は、地上に理想世界を建設するという尊い使命を持って生まれてきています。社会の悪を押しとどめ、善を推し進めるために、信者はさまざまな活動に積極的に参加しています。

国内外の世界で貧困や災害、心の病で苦しんでいる人々に対しては、現地メンバーや支援団体と連携して、物心両面にわたり、あらゆる手段で手を差し伸べています。

年間約２万人の自殺者を減らすため、全国各地で街頭キャンペーンを展開しています。

公式サイト **www.withyou-hs.net**

ヘレン・ケラーを理想として活動する、ハンディキャップを持つ方とボランティアの会です。 視聴覚障害者、肢体不自由な方々に仏法真理を学んでいただくための、さまざまなサポートをしています。

公式サイト **www.helen-hs.net**

入会のご案内

幸福の科学では、大川隆法総裁が説く仏法真理《ぶっぽうしんり》をもとに、「どうすれば幸福になれるのか、また、他の人を幸福にできるのか」を学び、実践しています。

入会

仏法真理を学んでみたい方へ

大川隆法総裁の教えを信じ、学ぼうとする方なら、どなたでも入会できます。入会された方には、『入会版「正心法語《しょうしんほうご》」』が授与されます。

ネット入会 入会ご希望の方はネットからも入会できます。
happy-science.jp/joinus

三帰《さんき》誓願《せいがん》

信仰をさらに深めたい方へ

仏弟子としてさらに信仰を深めたい方は、仏《ぶっ》・法《ぽう》・僧《そう》の三宝《さんぽう》への帰依を誓う「三帰誓願式」を受けることができます。三帰誓願者には、『仏説・正心法語』『祈願文《きがんもん》①』『祈願文②』『エル・カンターレへの祈り』が授与されます。

幸福の科学 サービスセンター
TEL 03-5793-1727
(受付時間／火～金：10～20時 土・日祝：10～18時 (月曜を除く))

幸福の科学 公式サイト
happy-science.jp

ハッピー・サイエンス・ユニバーシティ

Happy Science University

ハッピー・サイエンス・ユニバーシティとは

ハッピー・サイエンス・ユニバーシティ(HSU)は、大川隆法総裁が設立された「現代の松下村塾」であり、「日本発の本格私学」です。建学の精神として「幸福の探究と新文明の創造」を掲げ、チャレンジ精神にあふれ、新時代を切り拓く人材の輩出を目指します。

人間幸福学部　経営成功学部　未来産業学部

HSU長生キャンパス TEL 0475-32-7770

〒299-4325 千葉県長生郡長生村一松丙 4427-1

未来創造学部

HSU未来創造・東京キャンパス

TEL 03-3699-7707

〒136-0076 東京都江東区南砂2-6-5　公式サイト **happy-science.university**

学校法人 幸福の科学学園

学校法人 幸福の科学学園は、幸福の科学の教育理念のもとにつくられた教育機関です。人間にとって最も大切な宗教教育の導入を通じて精神性を高めながら、ユートピア建設に貢献する人材輩出を目指しています。

幸福の科学学園

中学校・高等学校(那須本校)

2010年4月開校・栃木県那須郡(男女共学・全寮制)

TEL 0287-75-7777 公式サイト **happy-science.ac.jp**

関西中学校・高等学校(関西校)

2013年4月開校・滋賀県大津市(男女共学・寮及び通学)

TEL 077-573-7774 公式サイト **kansai.happy-science.ac.jp**

仏法真理塾「サクセスNo.1」

全国に本校・拠点・支部校を展開する、幸福の科学による信仰教育の機関です。小学生・中学生・高校生を対象に、信仰教育・徳育にウエイトを置きつつ、将来、社会人として活躍するための学力養成にも力を注いでいます。

TEL 03-5750-0751（東京本校）

エンゼルプランV

東京本校を中心に、全国に支部教室を展開しています。信仰に基づいて、幼児の心を豊かに育む情操教育を行っています。また、知育や創造活動を通して、子どもの個性を大切に伸ばし、天使に育てる幼児教室です。

TEL 03-5750-0757（東京本校）

不登校児支援スクール「ネバー・マインド」　TEL 03-5750-1741

心の面からのアプローチを重視して、不登校の子供たちを支援しています。

ユー・アー・エンゼル!（あなたは天使!）運動

障害児の不安や悩みに取り組み、ご両親を励まし、勇気づける、障害児支援のボランティア運動を展開しています。

一般社団法人 ユー・アー・エンゼル
TEL 03-6426-7797

NPO活動支援

いじめから子供を守ろうネットワーク

学校からのいじめ追放を目指し、さまざまな社会提言をしています。また、各地でのシンポジウムや学校への啓発ポスター掲示等に取り組む一般財団法人「いじめから子供を守ろうネットワーク」を支援しています。

公式サイト mamoro.org　ブログ blog.mamoro.org
相談窓口 TEL.03-5544-8989

百歳まで生きる会

「百歳まで生きる会」は、生涯現役人生を掲げ、友達づくり、生きがいづくりをめざしている幸福の科学のシニア信者の集まりです。

シニア・プラン21

生涯反省で人生を再生・新生し、希望に満ちた生涯現役人生を生きる仏法真理道場です。定期的に開催される研修には、年齢を問わず、多くの方が参加しています。
全世界212カ所（国内197カ所、海外15カ所）で開校中。

【東京校】 TEL 03-6384-0778　FAX 03-6384-0779
メール senior-plan@kofuku-no-kagaku.or.jp

幸福実現党

内憂外患《ないゆうがいかん》の国難に立ち向かうべく、2009年5月に幸福実現党を立党しました。創立者である大川隆法党総裁の精神的指導のもと、宗教だけでは解決できない問題に取り組み、幸福を具体化するための力になっています。

幸福実現党 釈量子サイト **shaku-ryoko.net**
Twitter **釈量子@shakuryoko**で検索

党の機関紙
「幸福実現党NEWS」

幸福実現党 党員募集中

あなたも幸福を実現する政治に参画しませんか。

- ○幸福実現党の理念と綱領、政策に賛同する18歳以上の方なら、どなたでも参加いただけます。
- ○党費：正党員（年額5千円［学生 年額2千円］）、特別党員（年額10万円以上）、家族党員（年額2千円）
- ○党員資格は党費を入金された日から1年間です。
- ○正党員、特別党員の皆様には機関紙「幸福実現党NEWS（党員版）」（不定期発行）が送付されます。

＊申込書は、下記、幸福実現党公式サイトでダウンロードできます。
住所：〒107-0052　東京都港区赤坂2-10-8 6階 幸福実現党本部
TEL **03-6441-0754**　FAX **03-6441-0764**
公式サイト **hr-party.jp**

幸福の科学出版

大川隆法総裁の仏法真理の書を中心に、ビジネス、自己啓発、小説など、さまざまなジャンルの書籍・雑誌を出版しています。他にも、映画事業、文学・学術発展のための振興事業、テレビ・ラジオ番組の提供など、幸福の科学文化を広げる事業を行っています。

アー・ユー・ハッピー?
are-you-happy.com

ザ・リバティ
the-liberty.com

幸福の科学出版
TEL **03-5573-7700**
公式サイト **irhpress.co.jp**

THE FACT

ザ・ファクト
マスコミが報道しない「事実」を世界に伝えるネット・オピニオン番組

YouTubeにて随時好評配信中!

ザ・ファクト 検索

NEW STAR PRODUCTION

ニュースター・プロダクション

「新時代の美」を創造する芸能プロダクションです。多くの方々に良き感化を与えられるような魅力あふれるタレントを世に送り出すべく、日々、活動しています。 公式サイト **newstarpro.co.jp**

ARI Production

ARI《アリ》 Production《プロダクション》

タレント一人ひとりの個性や魅力を引き出し、「新時代を創造するエンターテインメント」をコンセプトに、世の中に精神的価値のある作品を提供していく芸能プロダクションです。 公式サイト **aripro.co.jp**

大川隆法　講演会のご案内

大川隆法総裁の講演会が全国各地で開催されています。講演のなかでは、毎回、「世界教師」としての立場から、幸福な人生を生きるための心の教えをはじめ、世界各地で起きている宗教対立、紛争、国際政治や経済といった時事問題に対する指針など、日本と世界がさらなる繁栄の未来を実現するための道筋が示されています。

2019年12月17日 さいたまスーパーアリーナ「新しき繁栄の時代へ」

2019年10月6日 ザ ウェスティン ハーバーキャッスル トロント(カナダ)「The Reason We Are Here」

2019年7月5日 福岡国際センター「人生に自信を持て」

2019年3月3日 グランド ハイアット 台北(台湾)「愛は憎しみを超えて」

2019年7月13日 ホテル イースト21 東京「幸福への論点」

講演会には、どなたでもご参加いただけます。最新の講演会の開催情報はこちらへ。⟹　大川隆法総裁公式サイト https://ryuho-okawa.org